하루 한 권 학습만화 10

세계의 역사

KB194810

KADOKAWA MANGA GAKUSYU SERIES SEKAI NO REKISHI
KAKUMEI GA SEKAI WO KAERU 1750-1850NEN

일러두기

이 책은 세계사를 바라보는 다양한 시각 및 국제정치적 감각을 길러주기 위한 목적으로 기획되었다. 원서는 비교역사학을 토대로 서술되어 특정 국가의 시각에 치우치지 않고 세계 각국의 다양한 역사적 사실에 기반을 두고 있다. 다시 말해 우리 민족의 관점으로 바라본 세계사가 아님을 밝힌다.

다만 역사라는 학문의 특성상 우리나라 학계 및 정서에 맞지 않는 영토분쟁·역사적 논쟁점도 분명히 존재한다. 편집부 역시 이러한 사실을 인지하고, 국내 정서와 다른 부분은 되도록 완곡한 단어로 교정했다. 그러나 오늘날 발생하는 수많은 역사 분쟁을 다양한 시각에서 논의할 수 있도록 필요한 부분은 원서의 내용을 살려 편집했다. 교육 자료로 활용하거나 아동이 혼자 읽는 경우 이와 같은 부분에 지도가 필요할 수 있음을 당부드린다.

제1장 미국 독립혁명

아메리카에서 자치와 자유를 추구하는 '독립혁명'이 일어났다.
독립전쟁에서 식민지가 승리하면서 '미국'이 탄생했다.

영국

조지 3세

미국 독립전쟁 시기의 영국 국왕

아메리카 식민지

조지 워싱턴

식민지군 최고사령관. 영국에 대항함

벤저민 프랭클린

프랑스에 지원을 요청해 동맹을 맺음

독립전쟁

찰스 타운젠드

「타운젠드 법」을 제정한 재무장관

프레더릭 노스

「차법」을 제정해 보스턴 차 사건을 초래함

토머스 제퍼슨

「미국 독립 선언문」의 기초자 중 한 명

새뮤얼 애덤스

「차법」에 반대해 보스턴 차 사건을 일으킴

제2장 프랑스 혁명과 나폴레옹

프랑스에서는 민중의 불만이 폭발해 프랑스 혁명이 일어났다.
이후 나폴레옹이 황제로 즉위했다.

프랑스

혁명   혁명의 영향

처형

루이 16세

국가재정 재건에 실패해 혁명을 초래한 국왕

라파예트

개혁파 귀족으로 「인권 선언문」의 기초자

손을 잡음

시에예스

성직자 출신임에도 제3신분의 대표를 맡음

쿠데타

제1공화국

막시밀리앙 드로베스피에르

자코뱅파의 지도자. 권력을 잡고 공포 정치를 펼침

나폴레옹 보나파르트

제1통령으로서 실권을 쥐고 대외 전쟁에서 연승함. 이후 황제로 즉위

중남미 식민지

투생 루베르튀르

아이티의 독립운동 지도자

시몬 볼리바르

라틴아메리카의 많은 국가를 독립으로 이끎

주요 사건

1759년
청(淸) 역사상 최대 영토 확장

1776년
미국의 독립선언

1789년
프랑스 혁명 시작

1814년
'스티븐슨' 실용적인 증기기관차 개발

제3장 세계를 변화시킨 산업혁명

영국에서는 면공업의 기술혁신을 계기로 산업혁명이 일어나 사람들의 생활을 변화시켰다.

기술 혁신

동력(증기기관)

제임스 와트

증기기관 개량에 힘을 쏟아 새로운 동력으로서 실용화하는 데 성공함

로버트 풀턴

외륜식 증기선을 건조해 항해에 성공한 미국의 기술자

조지 스티븐슨

실용적인 증기기관차 개발. 기관차의 보급에 힘쓴 기술자

면공업

존 케이

플라잉 셔틀을 발명해 직조기의 생산 효율을 높이는 데 성공

새뮤얼 크럼프턴

뮬 방적기 고안. 튼튼하고 가느다란 실의 대량 생산에 성공함

에드먼드 카트라이트

역직기 개발자. 면직물 산업의 기계화 시대를 엶

↓ 영향

공장제 기계 공업

기계를 이용해 생산하는 공장이 탄생하면서 대량생산이 가능해짐

산업 자본가

공장 등의 생산 수단을 소유하고 노동자를 고용해 상품을 생산함

노동자

공장·탄광에서 일하는 사람들. 저임금과 장시간 노동에 시달림

→ **세계로 전파**

제4장 청(淸)의 융성기

청(淸)은 강희제·옹정제·건륭제의 치세를 거치며 전성기를 맞이했으나 이내 사회 전반에 불안감이 감돌았다.

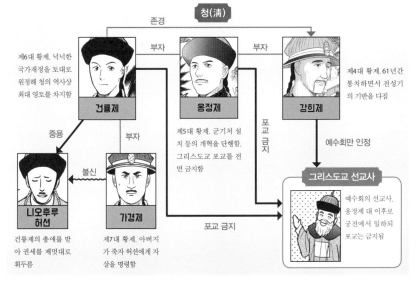

청(淸)

존경

제6대 황제. 넉넉한 국가재정을 토대로 원정해 청의 역사상 최대 영토를 차지함

건륭제

부자

옹정제

제5대 황제. 군기처 설치 등의 개혁을 단행함. 그리스도교 포교를 전면 금지함

부자

제4대 황제. 61년간 통치하면서 전성기의 기반을 다짐

강희제

중용

불신

니오후루 허션

건륭제의 총애를 받아 권세를 제멋대로 휘두름

부자

가경제

제7대 황제. 아버지가 죽자 허션에게 자살을 명령함

포교 금지

예수회만 인정

그리스도교 선교사

예수회의 선교사. 옹정제 대 이후로 궁전에서 일하되 포교는 금지됨

포교 금지

독자여러분께

세계를 변화시킨 혁명

도쿄대학 명예 교수 **하네다 마사시**

18세기 후반 아메리카 식민지와 프랑스에는 기존의 체제를 근본적으로 뒤엎어 버리는 큰 정치적 혼란이 발생했습니다. 이후 아메리카 식민지는 영국으로부터 독립해 미국을 세웠고, 프랑스는 왕정을 폐지했습니다. 이 두 번의 '혁명'은 그 당시는 물론이거니와 이후로도 전 세계 사람들에게 새로운 가치관을 제시했다는 점에서 중요한 전환점입니다. 오늘날 우리는 당연하게 모든 국민은 자유롭고 평등해야 한다고 생각하지만, 이는 미국의 독립선언과 프랑스의 인권선언이 발생하고 나서야 비로소 명확하게 확립된 사고방식입니다.

비슷한 시기 영국에서는 '산업혁명'이라고 불리는 커다란 혁명이 일어나 사회와 경제를 변화시켰습니다. 그간 수공업에 의존해 물건을 생산하던 시스템이 새로 발명된 증기기관과 기계로 대체된 것입니다. 그 결과 물건을 생산하는 데 드는 비용이 크게 줄어들었고, 사람들이 일하는 방식에도 큰 변화가 생겼습니다. 이 '혁명'은 머지않아 전 세계의 산업과 경제, 사회 구조에까지 커다란 영향을 끼쳤습니다. 10권을 읽고 주변에서 이러한 '혁명'으로 생겨난 것들을 찾아보시기 바랍니다. 그 영향이 얼마나 큰지 알 수 있을 것입니다.

한편 18세기 무렵 동아시아의 청(淸)과 조선, 일본에서는 강력한 정권이 국가를 안정적으로 통치하고 있었습니다. 대서양 세계가 격동하던 이 시기, 평온하던 동아시아가 세계의 흐름에 어떻게 대비했는지 역시 이번 권의 포인트 중 하나입니다.

■ 이 도서의 원서는 일본 문부과학성이 발표한 '2008 개정 학습지도요령'의 이념, '살아가는 힘'을 기반으로 편집되었습니다. 다만 시대상을 반영하려는 저자의 의도적 표현을 제외하고, 역사적 토론이 필요한 표현은 대한민국 국내의 정서를 고려해 완곡하게 수정했습니다.

■ 인명·지명·사건명 등의 명칭은 대한민국 초·중·고등학교 교과서를 바탕으로 삼되, 여러 도서·학술정보를 참고해 상대적으로 친숙한 표현으로 표기했습니다.

■ 대체로 사실로 인정되는 역사를 기반으로 구성했습니다. 다만 정확한 기록이 남지 않은 등장인물의 경우, 만화라는 장르를 고려해 쉽고 재미있게 읽을 수 있도록 대화·배경·의복 등을 임의로 각색했습니다. 또 역사의 흐름을 이해하는 데 도움이 되도록 만화에 가공인물을 등장시켰습니다. 이러한 가공인물에는 별도로 각주를 달아 표기했습니다.

■ 연도는 서기로 표기했습니다. 사건의 발생 연도나 인물의 생몰년이 불분명한 경우에는 일반적으로 통용되는 시점을 채택했습니다. 또 인물의 나이는 앞서 통용된 시점을 기준으로 만 나이로 기재했습니다.

■ 인물의 나이는 맞춤법에 어긋나더라도 '프리드리히 1세'처럼 이름이 같은 군주의 순서 표기와 헷갈리지 않도록 '숫자 + 살'로 표기했습니다. 예컨대 '스무 살, 40세'는 '20살, 40살'로 표기했습니다.

1800년경의 세계

하녀더마샤시 교수님

미국과 프랑스, 그리고 영국에서 일어난 혁명은 각국의 정치·경제·사회 구조를 크게 변화시켰고, 이후 전 세계에 큰 영향을 주었습니다.

청(淸) 황제 '건륭제'의 고희천자 도장(1780년경~) D

건륭제는 70살(고희)이 되도록 황제였음을 축하하며 '고희천자(古希天子)'가 새겨진 도장을 만들도록 지시함

미국의 수도로 선정된 워싱턴(1800년) B

이듬해 컬럼비아 특별구(District of Columbia)로 편성되면서 '워싱턴 D.C.'라고 줄여서 부름

우키요에※ 전성기 (1790~1850년경)

'우타가와 히로시게', '기타가와 우타마로', '가쓰시카 호쿠사이' 등의 화가들이 활약함

※ 에도 시대 때 유행한 일본의 풍속화

호주 식민지 개척 (18세기 후반)

영국에서 많은 수의 이민자들이 넘어오면서 어보리진(원주민)들의 고난의 시대가 시작됨

'시몬 볼리바르'의 독립운동(19세기 전반)

프랑스 혁명의 영향을 받아 남아메리카에서 스페인으로부터의 독립운동을 지도한 인물

② 미국 독립혁명이죠. 프랑스 혁명과 더불어 국민의 자유와 평등, 민주주의라는 가치를 역사상 최초로 명확히 내세웠습니다.

① 아메리카 식민지가 영국으로부터 독립해 미국을 세웠네요.

④ 산업혁명은 이후로도 전 세계의 경제·사회 구조에 영향을 주었어요. 이 무렵 동아시아는 격동하던 대서양 세계에 비해 안정적인 분위기였죠.

③ 영국에서는 편리한 기계가 발명되면서 사람들의 생활이 많이 변했나 봐요.

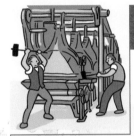

활발해진 러다이트 운동
(1810년경)   **C**

산업혁명이 진행되자 수공업자들이 방적 기계 등을 파괴하는 러다이트 운동(기계파괴 운동)을 일으킴

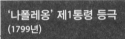
'나폴레옹' 제1통령 등극
(1799년)   **A**

나폴레옹이 브뤼메르 18일의 쿠데타를 벌여 실권을 잡음

나폴레옹의 이집트 원정
(1798~1799년)

원정 중에 발견된 '로제타석'을 기반으로 고대 이집트 문자를 해독하는 데 성공함

카자르 왕조 성립
(1796년)

카자르 왕조가 아프샤르 왕조를 멸망시키고 페르시아를 차지함

◀ 다음 페이지에서 자세한 설명을 확인하세요

프랑스 혁명의 시작
바스티유 감옥 습격 사건

1789년 7월 14일 국민의회를 지지하는 민중들이 전제정치의 상징이었던 바스티유 감옥을 습격했다. 수비병은 이에 맞섰지만 국왕군 일부가 민중들의 편을 들자 항복했다. 이렇게 시작된 혁명은 나폴레옹 시대까지 이어졌다.

미국의 초대 대통령으로
취임한 조지 워싱턴

헌법제정회의 의장이었던 '조지 워싱턴'은 1789년 4월 30일 의회가 있던 페더럴 홀에서 대통령으로 선출돼 취임연설을 했다. 워싱턴은 2선 동안 대통령직을 수행해 8년의 임기를 보냈다.

조지 스티븐슨의 증기기관차 실용화

1814년 '조지 스티븐슨'이 실용적인 증기기관차 개발에 성공한 것을 계기로 1825년 '스톡턴-달링턴 철도'가 부설되었다. 이윽고 증기기관차 '로코모션 제1호'가 이제 막 설치된 선로를 달리기 시작했다.

다양한 민족을 복속시키고 전성기를 이룩한 건륭제

'건륭제'는 할아버지 '강희제' 때부터 숙적이었던 준가르를 쓰러뜨리고 청(淸) 역사상 최대 크기의 영토를 차지했다. 건륭제는 만주족과 몽골인, 티베트인, 한족 등 다양한 민족을 다양한 방식으로 통솔하며 제국을 이끌었다.

세계를 한눈에!

⑩ 파노라마 연표(1750년~1850년)

서 · 남 · 동남아시아			북 · 동아시아	일본
오스만 제국	무굴 제국	동남아시아	청(淸)	

서 · 남 · 동남아시아			북 · 동아시아	일본
			광동 성에서 지정은제 시행(1717)	서양 서적 수입 금지 완화(1720)
			캬흐타 조약(1727)	
			군기처 설치(1732)	교호 대기근 발생(1732)
			👤 건륭제(1735~1795)	
	플라시 전투(1757)	네덜란드, 자와 섬 대부분을 지배(1755)	○ 준가르를 멸망시킴(1755)	
			○ 서양과의 무역항을 광주로 제한(1757)	
	영국 동인도 회사, 벵골 등의 조세 징수권 획득(1765)		○ 최대 영토 이룩(1759)	
	제1차 마이소르 전쟁 (1767~1769)		○ 신장 지방 개편(1759)	다누마 오키쓰구 노중 취임(1772)
👤 압뒬하미트 1세 (1774~1789)	제1차 영국 –마라타 전쟁 (1775~1782)			**스기타 겐파쿠 등 『해체신서』 출간(1774)**
	제2차 마이소르 전쟁(1780~1784)			덴메이 대기근 발생(1782)
	제3차 마이소르 전쟁(1790~1792)			간세이 개혁 시작(1787)
			영국 사절 매카트니, 청 도착(1793)	**다이코쿠야 고다유 송환을 위해 러시아의 락스만 홋카이도 네무로 방문(1792)**
나폴레옹의 이집트 원정 (1798)			백련교도의 난(1796~1804)	**모토오리 노리나가 『고지키』 집필(1798)**
			아편 수입 금지(1796)	
		응우옌 푹 아인의 베트남 통일(1802)		러시아의 레자노프 나가사키 방문(1804)
				마미야 린조 등의 가라후토(사할린) 탐험(1808)
👤 마흐무트 2세 (1808~1839)				영국 페이톤 호의 나가사키 침입 (페이톤 호 사건, 1808)
		영국의 싱가포르 취득(1819)	**영국 사절 애머스트, 북경 도착(1816)**	**스기타 겐파쿠 『난학사시』 집필(1815)**
		디포네 고로 전쟁 (1825~1830)		『외국 선박 타격령』(1825)
		영국, 해협 식민지 설립(1826)	**임칙서의 광주 아편 단속(1839)**	오시오 헤이하치로의 난(1837)
탄지마트 시작 (1839~1876)			제1차 아편 전쟁(1840~1842)	덴포 개혁 시작(1841)
			난징 조약(1842)	

에도시대

12

연대	남 · 북 아메리카	유럽			
		영국	프랑스	신성로마 제국	러시아 제국
				프로이센	
1700년	13개 식민지 성립(1732)	존 케이의 플라잉 셔틀 발명(1733)			카흐타 조약(1727)
1750년	프렌치 인디언 전쟁(1754~1763)	7년 전쟁(1756~1763)			
	파리 조약(1763)				👤 예카테리나 2세 (1762~1796)
	「인지세법」 제정(1765) 보스턴 차 사건(1773) 미국 독립 전쟁(1775~1783) 독립선언 공포(1776)	산업혁명 시작 와트의 증기기관 개량(1769)	👤 루이 16세 (1774~1792)	제1차 폴란드 분할(1772)	푸가초프의 난(1773~1775)
	파리 조약(1783)				
	영국의 미국 독립 승인(1783) 미국 「헌법」 제정(1787) 미국 성립(1787) 👤 조지 워싱턴 (1789~1797) ○ 초대 대통령으로 선출	카트라이트의 역직기 발명(1785)	프랑스 혁명 시작(1789) 제1공화국 수립(1792) 자코뱅파의 공포 정치(1793) 통령 정부 수립(1799)	제2차 폴란드 분할(1793) 제3차 폴란드 분할(1795)	
1800년	프랑스로부터 루이지애나 인수(1803) 아이티 독립(1804)		나폴레옹의 황제 즉위(제1제정, 1804)		
		트라팔가르 해전(1805) 러다이트 운동 발생(1811)	대륙봉쇄령(1806)	오스트리아 신성로마 제국 해체(1806)	
	미영전쟁(1812년 전쟁, 1812~1814)		나폴레옹의 러시아 원정(1812)		나폴레옹 침입(1812)
		스티븐슨의 실용적인 증기기관차 개발(1814)	라이프치히 전투 / 프랑스군 패배(1813) 파리 함락(1814) 나폴레옹 퇴위(1814)		
	아르헨티나 독립(1816) 콜롬비아 공화국 독립(1819) 먼로 주의 선언(1823) 「인디언 이주법」 성립(1830) 텍사스 병합(1845) 멕시코-미국 전쟁(1846~1848) ○ 멕시코로부터 캘리포니아 획득(1848)	빈 회의(1814~1815)			
		워털루 전투(1815)			
		증기기관차 실용화(1825) 「곡물법」 폐지(1846) 「항해법」 폐지(1849)	7월 혁명(1830) 2월 혁명(1848) ○ 제2공화국 수립	빈 혁명(1848) 독일 관세 동맹 발족(1834) 독일 혁명(1848)	데카브리스트의 난(1825)
1850년					

세계를 변화시킨 혁명
(1750년 ~ 1850년)

목 차

만약에 ▶ 혁명의 중심 인물이 역사 동아리 부장선거에 출마한다면… *!?*

제 **1** 장

- 북아메리카의 13개 식민지
- 보스턴 차 사건
- 미국의 건국
- 서부개척 시대

〈자켓 및 표지〉 곤도 가쓰야(스튜디오 지브리)

글로벌한
관점으로
세계를
이해하자!

세계사 내비게이터
하네다 마사시 교수
일본판 도서를 감수한 도
쿄대학의 명예 교수. 세계
적인 역사학자로 유명함

《일러스트》 우에지 유호

북아메리카 버지니아 식민지 출신 이죠.

'토머스 제퍼슨' 이라고 합니다.

토머스 제퍼슨(1743~1826)

여러분, 잘 들어 주세요!

모든 인간은 자유롭고 태어나면서 부터 평등한 존재입니다!

이 선언문은 아메리카 식민지인들이 종주국인 영국 측에 제한받지 않는 인류 보편의 자유와 평등을 호소한 혁명적인 내용 이었습니다.

역시! 1776년에 공포된 「미국 독립선언문」의 초안을 작성하신 분답군요.

좋은 생각 이라고 봅니다!

우리 동아리에서도 자유를 신념으로 저마다 행복을 추구해 나가야 합니다!

누구에게도 방해할 권리는 없습니다!

부장 선거 임페아 브

어떤 걸 공부하든 상관은 없다만…

나는 디저트를 공부 하겠어!

그럼 나는 아이돌을 공부할래!

LOVE

그럼 다음 분 들어오세요!

지금은 중요한 선거 시간입니다.

우선 정숙해 주세요!

제퍼슨은 누구 팬이야!?

과자는 뭘 좋아 해!?

와아   와아

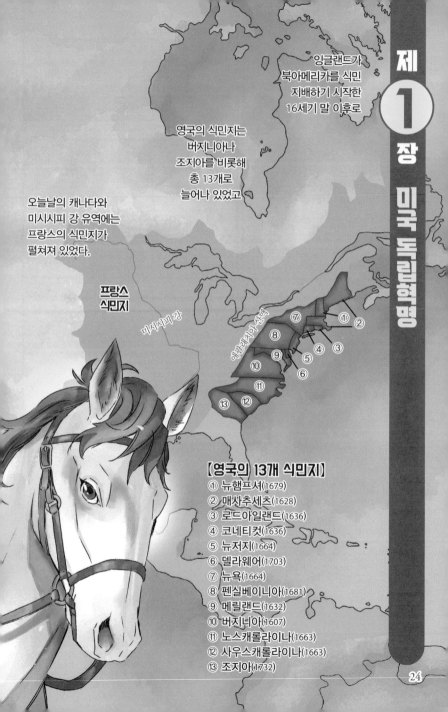

잉글랜드가
북아메리카를 식민
지배하기 시작한
16세기 말 이후로

영국의 식민지는
버지니아나
조지아를 비롯해
총 13개로
늘어나 있었고

오늘날의 캐나다와
미시시피 강 유역에는
프랑스의 식민지가
펼쳐져 있었다.

프랑스
식민지

미시시피 강

① ②
⑦
⑧ ④ ③
⑨ ⑤
⑩ ⑥
⑪
⑬ ⑫

【영국의 13개 식민지】
① 뉴햄프셔(1679)
② 매사추세츠(1628)
③ 로드아일랜드(1636)
④ 코네티컷(1636)
⑤ 뉴저지(1664)
⑥ 델라웨어(1703)
⑦ 뉴욕(1664)
⑧ 펜실베이니아(1681)
⑨ 메릴랜드(1632)
⑩ 버지니아(1607)
⑪ 노스캐롤라이나(1663)
⑫ 사우스캐롤라이나(1663)
⑬ 조지아(1732)

※1 프로이센과 오스트리아의 갈등으로 시작된 전쟁. 영국과 프랑스는 서로 다른 국가의 편을 듦
※2 영국 동인도 회사군과 프랑스 동인도 회사의 지원을 받은 벵골 토후군이 벌인 전쟁

1757년
인도에서 발발한
플라시 전투※2처럼

세계적인
규모로까지
전쟁을 키웠다.

1756년 유럽에서
7년 전쟁※3이 발발하자
영국과 프랑스는
식민지에서도
전쟁을 벌여

프렌치 인디언
전쟁이나

오스트리아 · 프랑스 · 러시아

프로이센 · 영국

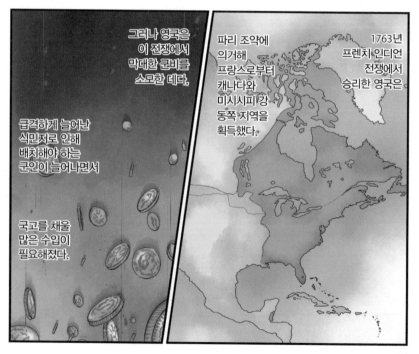

그러나 영국은
이 전쟁에서
막대한 군비를
소모한 데다,

급격하게 늘어난
식민지로 인해
배치해야 하는
군인이 늘어나면서

국고를 채울
많은 수입이
필요해졌다.

파리 조약에
의거해
프랑스로부터
캐나다와
미시시피 강
동쪽 지역을
획득했다.

1763년
프렌치 인디언
전쟁에서
승리한 영국은

26

경의 뜻대로 하라.

조지 3세
영국 국왕

이번 전쟁으로 프랑스의 위협이 사라진 데다, 앞으로도 주둔군이 지켜줄 테니 식민지는 큰 혜택을 받는 거나 다름없습니다!

식민지인들에게도 세금을 징수하시죠!

그렌빌
영국 총리

점차 식민지에는 독립에 대한 열망이 드리우기 시작했다.

이에 식민지인들은 강렬하게 반발했고,

벤저민 프랭클린
펜실베이니아 식민지 대표

조지 워싱턴
버지니아 식민지 대표

토머스 제퍼슨
버지니아 식민지 대표

그중에서도
뉴잉글랜드 지방※1은
주민들이 직접 정치에
참여하는 '타운 미팅'이라는
독특한 주민 집회를 개최해
직접민주주의적인
방식으로 운영되었다.

식민지는 제각기
의회를 설립하고
대표를 선출해

본국에서 파견된
총독과 함께
다스렸는데,

정착 초기
영국 본국은
각 식민지의
자치권을 인정해
자주적으로
운영하도록
허락했다.

※2 국경을 넘어 거래되는 물건에 부과되는 세금

시간이 지나며 영국은
식민지로 전달되는
물건에 높은 관세※2를
부과해 통제력을
늘리고자 했다.

【인지세법】
1765년에 제정된 법률.
식민지에서 발행하는
신문이나 증권 등의
인쇄물에 세금이 부과됨

【설탕법】
높은 관세로 인해
식민지에서 당밀을 밀수하자
1764년에 개정된 법률.
관세를 약간 줄여주는 대신
강제력을 높임

SUGAR
SUGAR

우리도 의회가 있는데 어째서 본국 의회의 지시를 받아야 하는 거냐고!

이 세금은 우리의 자유와 권리를 위협하는 거야!

뭐! 본국에서 우리한테 세금을 거둔다고?

커피하우스 **식민지의 사교장**

모든 인쇄물에 세금을 매긴다니 말도 안 돼!

보스턴에서는 수천 명의 군중이 징수인의 저택과 인지를 발급할 예정이던 기관을 파괴한 데 이어,

심지어는 법 제정에 관여한 부총독의 저택을 습격해 파괴했다.

식민지인들은 과세 정책, 그중에서도 「인지세법」에 맹렬하게 반발해

반대 시위와 영국 제품 불매운동을 벌였다.

NO! 인지세법 반대

상황이 이렇게 되자 식민지 의회에서는

우리는 본국 의회에 대표를 보낼 권리도 없고 의석도 가지고 있지 않소!

'대표 없이 과세 없다'※ 이 원칙은 지켜져야 합니다!

그러니 본국이 우리에게 과세할 권리는 없어!

패트릭 헨리
버지니아 식민지 변호사

※ 1215년에 서명된 「마그나 카르타」 이래로 영국의 정치 이념으로 자리 잡음. 「인지세법」 반대의 명분이 됨

와아아

영국 정부는 이러한 식민지의 반발에 밀려 이듬해인 1766년 「인지세법」을 철회했지만…

우리가 분명하게 주장해야 하오!

맞소!

1767년 식민지에 대한 과세 정책을 포기하지 않고 다른 방안을 모색했다.

영국

식민지는 본국 의회의 결정에 따라야 한다.

과세에 있어서도 차이는 없다.

찰스 타운젠드
영국 재무장관

이렇게 제정된 관세법을 총칭해 「타운젠드 법」 이라고 부른다.

차나 종이, 유리, 토료 등 생필품에 관세를 부과해 간접적으로 수익을 얻는 방식을 택한 것이다.

직접적으로 세금을 부과하는 방식에서 벗어나 식민지가 본국에서 수입하는

맞아요! 저도 유행하는 드레스나 셔츠를 모두 취소 하겠어요!

시끌

이런 식이라면 본국에서 수입되는 상품을 사지 않는 불매운동으로 대항합시다!

이에 북아메리카 식민지 에서는 …

본국 멋대로 하겠다는 거잖아!

본국 상인들이 북아메리카 식민지로 수출이 안 된다고 불만을 표현하고 있다는군.

식민지에서 생산된 의복과 제품만 사용하는 자급자족 운동을 벌인 덕분에

투덜 투덜

「타운젠드 법」이 폐지되고 3년 뒤

그렇게 1770년 4월 차(Tea)에 매기는 관세를 제외하고 「타운젠드 법」이 폐지되었다.

불매운동이 잘 진행 되고 있어.

이번에는 영국인의 국민 음료인 차가 문제가 되었다.

하아...

프레더릭 노스
영국 총리(1770~1782)

이 무렵 영국의 특허회사*인 영국 동인도 회사에서는

식민지에서 거듭되는 불매운동과 더불어

인도에서 벌인 프랑스를 비롯한 적대 세력과의 전쟁으로 인해 고액의 빚을 져 경영난에 빠져 있었다.

유럽을 상대로 판매하는 데도 한계가 있는데…

어디 좋은 수출처가 없을까…?

※ 특별히 권리를 허가받은 기업. 철도, 우편 등의 공기업이 대표적

영국 의회

식민지에서도 차는 필수품이지만

가격이 너무 비쌉니다.

다시 수출세를 내고 식민지로 운반하기 때문이죠.

그 이유는 우리 회사가 높은 관세를 내고 본국에 차를 수출한 뒤

식민지인들은 네덜란드나 프랑스 상인들로부터 차를 밀수하고 있다고 합니다.

관세만큼 가격이 비싸지기 때문에

아메리카 식민지
관세
수출세

영국 본토
관세

영국 동인도 회사

수출

그러나

또 본국 의회에서 명령을 내렸대!

보스턴
매사추세츠 식민지

맞아! 아무리 본국이라고 해도 너무 지나쳐!

차법 반대!

차를 싸게 구입해서 싸게 파는 건 우리가 알아서 할 일이야.

독점은 용납할 수 없다.

세금에 이어 이번에는 무역까지 좌지우지할 생각인가?

모두 아시듯 총독인 '토머스 허친슨' 에게

배에서 차를 내리지 말아 달라고 요청했으나 거절당했 습니다.

보스턴
올드사우스 교회

※ 당시 영국이 임명한 메사추세츠 총독

35

오늘 밤 보스턴 항구를 찻주전자로 만들어 버리자!

오오!

여러분… 이제 논의는 됐소! 실력을 행사 합시다!

새뮤얼 애덤스
매사추세츠 식민지 '자유의 아들들'*의 지도자

※ 본국의 정책에 저항하는 식민지인들로 결성된 조직

WAREHOUSE

누구냐 !?

철썩…

철썩…

저 배야.

…

식민지 놈들에게 본인들의 처지를 알려줄 필요가 있겠어.

꽈악

영국이 이 소식을 들은 것은 이듬해인 1774년 1월 이었다.

영국 런던

대체 무슨 짓을 벌인 거야, 이 식민지 놈들!

손실이 엄청나!

등의 강경책을 실시해 식민지를 억누르고자 했다.

식민지인들은 이를 가리켜 「참을 수 없는 법」 이라고 불렀다.

· 군대에 의한 보스턴 항구 폐쇄
· 매사추세츠 식민지 자치권 박탈
· 민가를 강제적으로 군 시설로 전환
· 총독이 식민지 공직자의 재판을 본국에서 실시할 수 있는 「재판권법」 제정

영국 정부는 이 사건 이후

식민지 의회

이렇게 식민지 연합이 실시한 불매운동이 상당한 성과를 거두면서 영국과의 무역량은 급격하게 감소했다.

이처럼 본국에 대한 저항은 무력을 행사하지 않고 경제적인 방법으로만 전개되었지만…

지금 본국이 하고 있는 짓은 우리 식민지인들의 자유와 권리를 짓밟는 일입니다!

맞아 맞아!

어떻게든 철회 시켜야만 합니다!

지금까지 각 식민지에서 해왔던 불매운동을 조금 더 조직적으로 해봅시다!

우리가 만든 생필품으로 자급자족하는 겁니다!

오—

제1차 대륙회의에서는 영국 제품의 불매운동 협력이 결정되었다.

지도자를 생포하고 무기를 압수하게.

반란을 일으킬지 모르니,

식민지인들이 여기서 가까운 콩코드 창고에 무기를 숨겨 둔 것 같다.

출발 하라!

토머스 게이지
영국군 총사령관

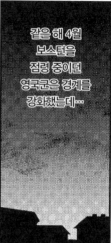

같은 해 4월 보스턴을 점령 중이던 영국군은 경계를 강화했는데…

무기를 빼앗겨선 안 돼!

큰일이다! 영국군보다 빨리 동료들에게 전달해야 해!※1

식민지 측은 이러한 영국군의 움직임에 당황했다.

척 척 척

※1 연락책 '폴 리비어' 등이 밤새 말을 달려 소식을 알린 이 일화는 '미드나잇 라이드(Midnight Ride)'라고 불리며 회자됨

모두 무기를 들고 적에 맞서자!

웅성

영국군이 콩코드로 향하고 있어!

※3 소식을 들으면 1분(One minute) 만에 총을 들고 달려와
맞설 수 있는 남자들이라는 뜻

렉싱턴에서는 전령에게 들은 정보를 바탕으로 '미닛맨'※3이라고 불리던 민병대가 영국군을 기다리며 대비하고 있었다.

애써 모은 무기를 지키는 거야.

여기서 놈들의 발을 묶어놔야 하네.

한편
1775년
4월 19일
렉싱턴

왔다! 영국군 이다!

필라델피아

1775년
5월 10일
제2차 대륙회의※

※ 제2차 대륙회의는 1775년 5월부터 1781년 3월까지 간헐적으로 개최됨

약 1개월 뒤인 6월 14일에 개최된 대륙회의에서 대륙군 창설이 결정되었다.

더 많은 병사를 소집해야 합니다!

오옷!

우리도 군대를 편성합시다!

우리끼리 영국군을 이길 수 있을까…?

결국 전쟁이 발발하고 말았나…

다음날인 6월 15일

저를 대륙군의 최고사령관으로 선출한다고요!?

맞소, '워싱턴'!

프렌치 인디언 전쟁에서 군대를 이끌고 싸워본 경험이 있는 데다, 온화하고 인망이 두터운 당신이라면…

존 애덤스
매사추세츠 식민지 대표

맞아요. 워싱턴 씨. 아니, 워싱턴 사령관님!

부디 우리를 승리로 이끌어 주세요!

워싱턴 사령관님!

아이러니하게도 당시 워싱턴을 비롯한 남부 농장주들은 흑인을 노예로 부려 노동력을 착취했다.

워싱턴은 버지니아 식민지에서 플랜테이션 을 경영하던 부유한 농장주 출신으로

※ 상품 작물을 생산하는 데 특화된 대규모 농장

…알겠습니다.

우리의 자유를 지키기 위해 전쟁을 이겨냅시다!

영국군을 이 땅에서 몰아내자!

모두 나를 따르라!

영국과의 전쟁을 끝까지 이끌었다.

이렇게 워싱턴은 대륙군의 최고사령관으로 발탁돼

※ Thomas Paine, 『Common Sense』, 1776

1776년 1월
'토머스 페인'이
집필한 『상식』※이
소책자로 발매되자
날개 돋친 듯이
팔려 나갔다.

COMMON SENSE;

INHABITANTS

전제정치의
압제와 폭정은
저항에 대한 두려움에서
비롯된다.

토머스 페인
사상가

이해하기
쉬운
표현들로
쓰였어.

와글
와글

독립하지
않으면
아무것도
바뀌지
않는
다는군.

이후 식민지 내에
남아 있던 국왕 충성파와
중립파들도
독립운동에 가담하면서
독립을 향한 열망이 한층
고조되었다.

49

제2차 대륙회의에 모인
식민지 대표들은
'독립선언문'의
기초자로 '제퍼슨'
등을 지명했다.

이들은 기존에 존재해온
관습·제도·사회의 문제점을
이성이나 지식으로 재검토하고
합리적으로 사고하려는
계몽주의의 영향을 받았기에

미국은 사상 면에서도
영국으로부터 독립을 이루었다.

자유는
영국인들
에게만
주어진 것이
아니라,

'자연법'※1에
따라 모든
인류에게
주어진
권리다!

따라서
모든 인간은
똑같이
자유로워야
한다!

토머스 제퍼슨
버지니아 식민지 대표

벤저민 프랭클린
펜실베이니아 식민지 대표

존 애덤스
매사추세츠 식민지 대표

로저 셔먼
코네티컷 식민지 대표

로버트 리빙스턴
뉴욕 식민지 대표

※1 사회의 운영을 위해 제정된 법률을 넘어, 인간이라면 그 존재
자체만으로도 누구나 누려야 할 당연한 권리 또는 질서.

그렇게
1776년
7월 4일

「미국
독립선언문」이
공포되었다.

정식 명칭은
「아메리카 13개국
만장일치 선언」
이라고 한다.

"우리는
다음과 같은 사실을 자명한
진리로 믿는다."

"즉 모든 인간은
태어나면서부터
평등하며,

창조주에게
생명과 자유 그리고
행복의 추구를 포함한
양도할 수 없는 권리를
부여받았다."

이로써
13개 식민지는
서로 단결해 영국
본국으로부터의
독립을 선언했다.

워싱턴이 이끄는 대륙군은 독립선언으로 사기가 올랐지만

제대로 된 훈련을 받지 못한 데다, 농민과 상인 위주로 모병되었기 때문에 고전을 면치 못하고 있었다.

식민지인들의 분노는 걷잡을 수 없이 커져 가고 있었다.

한편 영국군은 정규군 외에 독일인 용병까지 투입했는데,

이들이 벌이는 약탈과 잔학한 행위로 인해

이런 상황 속에서 1777년 대륙군은 새러토가 전투에서 드디어 승리를 거머쥐었다.

이 승리가 전황을 주시하고 있던 각국에 영향을 주면서

'라파예트'나 '코시치우슈코'처럼 미국의 자유 사상에 공명한 유럽의 귀족들이 의용병으로 참전하기 시작했다.

우리도 워싱턴에게 협력해 미국에 자유를 가져다 주자.

타데우시 코시치우슈코
폴란드 의용병

라파예트
프랑스 의용병

1777년 12월 필라델피아 근교 밸리 포지

보스턴은 겨우 버텼고 뉴욕과 필라델피아는 점령당했어.

무엇보다 무기와 물자가 부족해… 프랑스로 떠난 프랭클린의 지원 요청이 성공하면 좋으련만…

새러토가 전투에서는 승리했지만…

조지 워싱턴

1776년 말 미국 측은 프랭클린을 프랑스에 특사로 보냈다.

프랭클린은 연을 이용한 번개 실험*에 성공해 당시 유럽 각지에 과학자로서 명성이 자자한 인물이기도 했다.

※ 연 끝에는 철사를, 연줄 끝에는 구리 열쇠를 달고 먹구름으로 연을 날려 정전기를 관찰함으로써, 번개가 전기현상임을 실증함

우리가 미국을 지원하면 스페인과 네덜란드도 참전할 테니 전쟁의 양상이 달라지려나…

듣자 하니 대륙군이 영국군을 물리쳤다고?

흐음…

프랑스

프랑클린은 대륙군이 새러토가 전투에서 승리한 덕분에 프랑스 국왕 '루이 16세'를 알현하고 미국으로의 지원을 요청할 수 있었다.

전하, 저희 미국의 독립을 도와주실 수 없으시겠습니까?

루이 16세
프랑스 국왕

1778년 미국과 프랑스 사이에 동맹이 체결되면서 미국은 물자와 지원군을 얻었다.

우리 프랑스의 위엄을 회복할 기회인지도 모르겠군. 좋소, 지원을 약속하지.

그래!

프랑스의 숙적인 영국을 쓰러뜨릴 좋은 기회입니다.

해냈소,
워싱턴!
꼭 이겨야
하오!

이윽고 프랑스의 뒤를 이어
1779년에는 스페인,
1780년에는 네덜란드가
영국에 선전포고했다.

※1 중립국의 자유로운 항행을 주장하며 간접적으로 미국을 지원함

이렇듯
미국은
독립전쟁에
유럽 각국을
끌어들인
것이다.

게다가 1780년 2월
러시아의 '예카테리나 2세'가
미국을 해상봉쇄한 영국에
압력을 가하기 위해
'무장 중립 동맹'※1을 제창하자
스웨덴과 덴마크 등의
국가가 참가했다.

※2 「미국 독립선언문」이 공포된 시기인 1776년 7월에 초안이 작성됨

이로써 미국은
13개 연방의 대표들로
구성된 연합회의를 통해
의사를 결정하는
연방국으로 수립되었고,
국명은 '미합중국
(United States of
America)'으로
결정되었다.

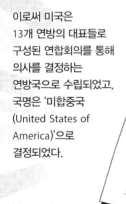

한편 1781년
미국에서는
모든 연방의
승인을 받은
「연합규약」※2이
발효되었다.

이것이 바로
미국 최초의
헌장이다.

이 요크타운 전투에서 프랑스군과

대륙군에 포위당한 영국군은 항복했다.

이 전투가 대륙군의 승리로 끝나면서 미국의 독립은 사실상 거의 확정되었다.

1783년 9월 영국과 미국은 독립전쟁의 전후 평화조약인 '파리 조약'을 체결했다.

영국으로부터 할양

이 조약으로 영국은 미국의 독립을 인정하고 미시시피 강 동쪽의 루이지애나[1]를 미국에 양도했다.

※1 당시 루이지애나 주는 미시시피 강 서쪽(스페인령)과 미시시피 강 동쪽(영국령)으로 분할돼 있었음. 오늘날의 루이지애나 주는 재조직된 지역

하지만 아직도 할 일이 많아요.

13개 연방을 어떻게 하나의 국가로 통합해 나갈지…

드디어 독립을 이루었다!

와!

아!

서부 지역의 토지 관리나 인디언※2에 관한 대책은 누가 책임질 겁니까?

각 연방이 멋대로 타국과 무역하거나 조약을 맺는 건 곤란합니다!

독립전쟁에 소모된 막대한 군비는 어떻게 처리할 텐가?

지금처럼 연방정부를 연합한 형태로는 이 문제들을 해결할 수 없어!

어떡

하지!?

연방정부의 권한과 의원 수에 관한 여러분의 의견을 들려주길 바라오.

1787년 5월 「연합규약」의 개정을 위해 각 연방의 대표들이 모여 필라델피아 제헌회의를 개최했다.

프랭클린
조언자

워싱턴
의장

제임스 매디슨
헌법안 기초자

※ 국가의 최종적인 확인 또는 동의 절차

아니, 연방정부마다 독립성을 확립해야 해!

연방정부의 권한을 강화해야 해!

헌법의 확정에 있어 두 그룹이 대립했지만,

같은 해 9월 「연합규약」 개정을 우선 검토해 헌법안이 채택되었다.

반페더럴리스트
(반연방파)

페더럴리스트
(연방파)

이듬해 6월 9개 연방의 비준※을 거쳐 「헌법」으로 제정되었다.

반대   찬성

이로써 미합중국이 완전하게 수립되었다.

당시 제정된 미국의 「헌법」은 '민권 · 연방주의 · 삼권분립'을 주요 골자로 하는 근대적 성문헌법※1이었다.

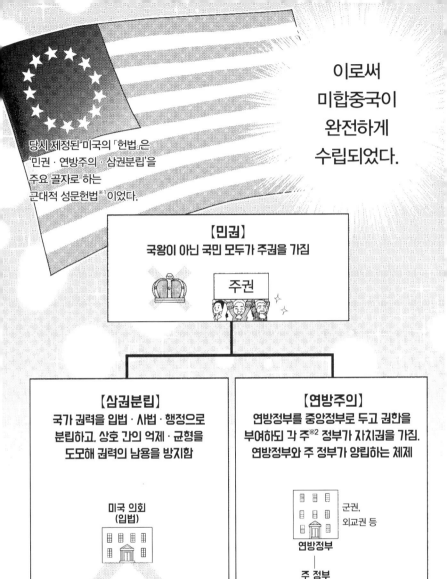

【민권】
국왕이 아닌 국민 모두가 주권을 가짐

주권

【삼권분립】
국가 권력을 입법 · 사법 · 행정으로 분립하고, 상호 간의 억제 · 균형을 도모해 권력의 남용을 방지함

미국 의회
(입법)

대통령
(행정)

억제 · 균형

대법원
(사법)

【연방주의】
연방정부를 중앙정부로 두고 권한을 부여하되 각 주※2 정부가 자치권을 가짐. 연방정부와 주 정부가 양립하는 체제

군권,
외교권 등

연방정부

주 정부

자치권

※1 형식을 갖추고 문서로 기록한 헌법
※2 헌법 제정 이후 각 연방을 '주(State)'로 낮춤

북부
노예제 폐지 찬성

한편 흑인 노예제에 있어 남부와 북부가 대립했는데,

당시 남부는 경제적으로 흑인 노예의 노동력에 의존하고 있었기 때문이다.

아니, 폐지 되어야 해!

노예 제도는 유지 되어야 해!

VS

남부
노예제 폐지 반대

노예제의 지속 여부는 각 주의 판단에 맡기게 되었다.

결국 양측의 타협 끝에 '연방의회의 의석 배분을 위한 인구 산정에서 흑인 노예를 5분의 3명으로 간주한다'라는 조항이 정해졌고

백인 3명 = 흑인 노예 5명

이렇듯 노예제를 둘러싼 남부와 북부의 입장 차이는 이때 이후로도 문제가 되었다.

국가적으로는 1808년이 되어서야 노예 무역이 금지되었다.

참고로 초대부터 12대 대통령 중 10명은 남부 출신 노예 소유주였다.

이로써 남부는 노예제를 지속했으나,

북부는 1780년부터 1804년 동안 금지 조치했다.

북부 출신 대통령   **남부 출신 대통령**

아, 아니. 제게는 너무 무거운 자리인데요!

그렇게 첫 번째 대선에서 워싱턴이 선출되었다.

시끌 시끌

국가수반으로 대통령을 선출하도록 「헌법」에 적지 않았나?

역시 워싱턴이 적합하지?

그렇지!

흐음

게다가 국가원수※와 행정부의 수반을 겸하기 때문에 막강한 권력을 가지게 된다.

공화국 대통령은 전례가 없는 직책이야.

워싱턴은 일단 거절했으나, 그 이후 결심을 굳혀

분명 중책 이지만…

워싱턴!

부탁합니다! 워싱턴!!

해볼까?

자네밖에 없네!

제발요 워싱턴!

※ 국제법상 한 국가를 대표하는 자격을 지닌 사람

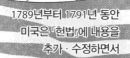

1789년부터 1791년 동안
미국은 「헌법」에 내용을
추가·수정하면서

신앙의 자유·언론·출판·집회
·청원·무장·재산 소유 등
국민의 권리 보장을 명시했다.

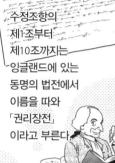

수정조항의
제1조부터
제10조까지는
잉글랜드에 있는
동명의 법전에서
이름을 따와
「권리장전」
이라고 부른다.

무장

종교의 자유

출판

재산 소유

미국
대통령
만세!

고별사에서
미국은 유럽의 정치에
관여하지 않아야 한다는
고립주의 정책을 주장했는데,
이는 오랫동안 미국 외교의
기본 방침으로 자리 잡게
되었다.

워싱턴은
대통령직을
2선 8년간
맡았으며,
1796년
3선임
되었으나
사퇴했다.※

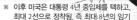

65

이후 미국은 파리 조약으로 획득한
북서부 영토와 미시시피 강 동쪽
루이지애나를 비롯한 서부 지역으로
개척해 나아갔다.

해외 진출이나 무역보다는 내륙 개발을
통한 사회·경제 발전에 집중하면서
대륙 국가로의 길을 걷기 시작한 것이다.

1803년 미국의 제3대 대통령
제퍼슨이 프랑스의 종신통령
'나폴레옹'에게 미시시피 강 서쪽
루이지애나를 구입하면서 미국의
영토는 독립 때의 2배가 되었다.

미시시피 강

루이지애나

독립 당시 영토
(미시시피 강
이주)

최초
13주

이처럼 미국은
할양과 매수를 통해
내륙 지역으로
영토를 넓혔다.

우리는 이 땅에
'자유의 제국'을
건설하자!

토머스 제퍼슨
제3대 미국 대통령

※ 프랑스의 황제 나폴레옹 1세가 1796년부터 1815년까지 유럽을 중심으로 전개한 전쟁의 총칭

이 전쟁에는 토지를 넓히고 싶어 하던 젊은 의원들의 의도가 숨겨져 있었는데,

대부분의 의원이 서부·남부 플랜테이션의 농장주 출신들이었다.

유럽 전체가 나폴레옹 전쟁※으로 요동치는 가운데…

1812년 제4대 대통령 매디슨은 무역을 방해하던 영국을 상대로 선전포고해 미영 전쟁을 일으켰다.

(1812년 전쟁)

제임스 매디슨
제4대 미국 대통령

인디언 놈들! 각오해라!

우리 미국이 더 많은 땅을 차지하고 싶은데 캐나다에 주둔하고 있는 영국인이나 인디언이 방해가 된다…?

앤드루 잭슨
플랜테이션 농장주 겸 군인
훗날 제7대 미국 대통령

영국 편을 든 너희들의 잘못이다!

잭슨은 1813년부터 1년간 원주민인 크릭족※1을 무찔렀고.

※1 북아메리카 남동부에 살던 원주민들

1815년에는 뉴올리언스에서 영국군을 상대로 승리해 미국의 전쟁 영웅이 되었다.

이렇게 잭슨이 이끄는 미군은 플로리다로 세력을 뻗쳤고.

땅을 닥치는 대로 빼앗아 돈이 되는 면화 플랜테이션을 늘리자!

와아아...!

그로부터 1년 뒤인 1819년
제5대 대통령 '먼로'는
스페인으로부터 플로리다를
매수해 미국령으로 삼았다.

1817년부터 이듬해까지
원주민인 세미놀족[※2]을
몰아냈다.
(제1차 세미놀 전쟁)

스페인으로부터
매수한 지역

제임스 먼로
제5대 미국 대통령

※2 크릭족의 한 갈래

이에 유럽 각국은
나폴레옹 전쟁이
일단락되자

이 즈음 중남미의
스페인 식민지에서는
미국 독립전쟁과
프랑스 혁명에 자극을
받아 독립운동이
일어나고 있었다.

식민지의
독립운동이 유럽을
자극할 것을 우려해
중남미에 개입했다.

독립은
안 돼!

중앙아메리카

남아메리카

【신성동맹】
1815년 러시아의 차르
'알렉산드르 1세'의 제창으로
오스트리아·프로이센
3국의 군주들이 결성한 동맹.
이후 유럽의 왕정 국가들이
연달아 가입함

1823년 먼로는
'먼로주의'를 공표해
남북 아메리카가
미국의 세력권임을
주장하면서

유럽 국가들의
개입을 비판했다.

한편 1821년 이후
멕시코의 영토인
텍사스에는 미국인
개척자가 잇따라
이주했는데,

1836년 이주민들은
멕시코로부터의
독립을 선언하고
텍사스 공화국을
세웠다.

이윽고 1845년
텍사스 공화국의
요청으로 미국이
이 땅을 병합*하면서
이를 계기로 이듬해
멕시코–미국 전쟁이
발발하게 되었다.

캘리포니아
(1848년
멕시코로부터
할양)

텍사스

⁉

※ 노예제 인정 여부로 인해 바로 병합하지는 않음

이로써
미국의 영토는
태평양 연안에
이르렀다.

미국은
이 전쟁에 승리해
캘리포니아와
뉴멕시코를
차지했고,

프랑스 혁명과
중남미의 독립,
유럽 및 대서양 세계를
중심으로 흘러가던
국제질서에 변화를
일으켰다.

미국의 독립혁명은
미국이라는 한 국가의
탄생뿐만 아니라…

한편으로
당시 계몽주의의
영향을 받아 작성된
「미국 독립선언문」과
「권리장전」은

「프랑스 인권선언」과
더불어 근대적
인권이라는 이념을
세계에 제시한 혁명적인
문서였다.

그러나 이러한 혁명을
일으켰음에도 불구하고
미국은 이후
노예제를 둘러싸고
남북으로 분열돼 내전의
구렁텅이로 빠져들어 갔다.

'태양왕'이라 불리던
'루이 14세'의 통치기에
절대왕정을 확립해
전성기를 맞이한
프랑스는

루이 14세
프랑스 국왕

3개의 신분으로
구성된 사회체제인
'앙시앵 레짐'※에 의해
유지되고 있었으나,

국왕

〈제1신분〉
성직자

〈제2신분〉
귀족

〈제3신분〉
평민

※ 당대에는 별다른 표현이 없었으나 프랑스 혁명 중에
구체제'라는 뜻의 '앙시앵 레짐'이 명칭으로 붙음

1774년
'루이 16세'가
왕위에 오를
무렵에는

영국과의 패권 다툼으로
많은 해외 식민지를
잃은 데다,
한 세기에 이르는
오랜 싸움으로
재정난에 빠져
있었다.

루이 16세
프랑스 국왕

마리 앙투아네트
프랑스 왕비

앙시앵 레짐은
안에서부터
곪기 시작했다.

더욱이 참정권은 고사하고
무거운 세금에 시달리던
제3신분층이 특권층에
큰 반감을 가지게 되면서

왕위에 오른 루이 16세는 재정난을 해결하기 위해 튀르고를 재정총감으로 임명했다.

이에 튀르고는 계몽주의[1]를 토대로 경제 지식을 활용해 재정 재건에 착수했는데…

※1 이성을 기반으로 종래의 관습·제도·사회의 문제점을 분석해 합리적인 개선 방법을 도출하고자 하는 사상

노 길드[2]나 국내 관세도 폐지해야 합니다!

평민에게는 세금을 걷으면서 되레 영지와 수입이 많은 성직자와 귀족의 세금을 면제해 주는 지금의 구조를 개선해야 합니다!

자크 튀르고
재무총감

※2 중세 유럽에서 발달한 특권적 동업자 조합

특권층의 반발이 심해져 실각하고 말았다.

경제 구조를 혼란에 빠트리지 마라!

개혁 반대

우리의 권리를 빼앗지 마라!

귀족

특권 상인

경제력을 기반으로 두각을 드러내면서 도시문화가 발전하게 되었다.

한편 재정난이 이어지는 가운데 도시에서는 제3신분으로서 상공업을 통해 부를 축적한 '부르주아지'※3가

이 같은 논의는 출판업의 발달로 활발하게 발행되기 시작한 신문이나 잡지의 논조에도 영향을 미쳐

도시에는 이야기를 나누는 많은 장소가 만들어졌고 카페나 개인 살롱에서는 자유로운 논의가 이루어졌다.

그가 주장하는 인민주권이나 민주주의 사상은 분명 새 시대를 열 만한 논리야!

지금의 프랑스 체제는 시대에 뒤떨어진 거라고!

자네들, '루소'의 『사회계약론』을 읽어봤나?

대중들의 일반적 의견, 즉 '공론'이 만들어졌다.

결국 재정이 파탄 나는 상황에 직면하고 말았다.

빚 빚 빚 빚 빚 빚

1778년 이러한 사회정세 속에서 미국 독립전쟁을 지원한 프랑스는

이듬해 루이 16세는 과거 재무총감을 맡아 백성들에게 인기 있던 은행가 '네케르'를 재임명했으나…

여러분, 아무리 생각해봐도 특권층에 대한 과세가 필요 합니다!

자크 네케르 재무총감

1787년 재무총감 '칼론'은

재정난으로 **과세**

명사회에서 재정 개혁을 제안했으나,

성직자와 귀족에게도 세금을 걷을 필요가 있습니다.

명사회는 이 제안을 거부했다.

과세

※ 국왕이 당대의 권력가와 명성 있는 사람들을 지명해 소집하는 프랑스의 자문기관

이러다간 끝이 없겠습니다.

삼부회를 열어 다 함께 의논하시지요.

제1신분층과 제2신분층은 자신들의 주장을 국왕에게 인정받기 위해

우 우 우

왜 우리가 세금을 내야 하는 거지?

평민들에게 세금을 더 걷으면 되지 않는가!

세 신분의 대표가 모여 논의하는 회의인 '삼부회'의 개최를 170여년 만에 요구했다.

루이 16세는 이를 승인했는데…

끄덕

와 아

※1 실제로는 더 많은 의원이 선출됨

이로 인해 제3신분의 의견은 특권층인 제1신분·제2신분의 견제로 인해 통과되지 않는 경우가 많았다.

총 의석수 약 1,200석[1]

반대

이전까지 삼부회의 의결은 각 신분별로 다수결을 실시한 뒤, 그 결정을 각 신분의 한 표로 취급해 재차 다수결을 실시하는 방식이었다.

다수결 [반대]
〈제1신분〉
성직자
약 300석

찬성 다수결
〈제3신분〉
평민
약 600석

[반대] 다수결
〈제2신분〉
귀족
약 300석

※2 Emmanuel Joseph Sieyès, 『What Is the Third Estate?』, 1789

QU'EST-CE QUE LE TIERS-ETAT?

의결 방식을 정하지 못한 채 교착 상태가 이어지던 1789년 6월

평민 이야말로 프랑스의 대표다!

국민 의회를!

성직자와 귀족을 포함해 의회를 만들자!

같은 해 1월 소책자 『제3신분이란 무엇인가[2]』를 출판해 큰 호응을 얻고 있던 '시에예스'는

'국민의회를 수립하자'고 주장했다.

에마뉘엘 시에예스
성직자이지만
제3신분 대표

81

제3신분의 움직임을 경계한 국왕 측이 회의장을 폐쇄했다.

시에예스는 신분제를 비판해 성직자임에도 제3신분의 대표로 선출된 인물이었다.

특권층은 언제까지 혜택을 받을 생각인가!

이제 모든 이의 권리를 보장하는 헌법을 제정하자!

오오!

그러나

여러분, 테니스 코트로 오십시오! 국민의회를 수립 합시다!

오노레 미라보
귀족이지만
제3신분 대표

82

이 사건을 '테니스 코트의 서약'이라고 부른다.

국민의회 의원들은 이렇게 다짐했다.

우리 국민의회는 국왕에게 헌법 제정을 요구한다!

헌법이 제정되기 전에는 해산하지 않을 것을 맹세한다!

장 바이※
의장

베르사유 궁전 테니스 코트

※ 1736년에 출생한 천문학자 겸 정치가. 1793년 단두대에서 처형됨

루이 16세는 제3신분의 요구를 받아들이지 않을 수 없게 되었다.

삼부회 의원 전원에게 고한다.

국민 의회에 합류하라 ….

이후 국민의회는 '국민제헌의회'로 명칭을 바꿨다.

제1신분과 제2신분에서도 국민의회에 합류하는 이들이 잇따르면서

라파예트
미국 독립전쟁에서 활약한 귀족. 제2신분

83

2만 명의 군대를 베르사유 궁전에 소집하고

음...

전하... 이대로는 왕권을 빼앗기고 맙니다.

군대를 소집해 국민 제헌의회를 해산시키시지요.

국왕 측은 이러한 상황을 수습하고자 했기에

이에 7월 12일 민중들의 불안과 불만이 폭발했다.

웅성웅성

국왕이 민중의 벗인 네케르를 해임했어!

군대로 진압할 생각 이래!

제3 신분에 호의적인 네케르를 재무총감에서 해임했다.

군대에 대항하려면 우리도 무기가 있어야 해!

우어어어...!

무기를 들자!

국왕은 우리를 배신할 셈이냐!?

그렇게 총격전이
벌어져 150명 이상의
사상자가 발생했으나

우
어
어
어

펑
펑

퍼-엉

바스티유 감옥은
민중들의 손에
점령되었다.

펑

펑

7월 14일
수만 명으로
불어난 민중은
보훈병원*에서
3만 정의 총을
탈취해…

무기는
더
없나!

바스티유
감옥이라면
무기와
탄약이
보관돼 있을
거야!

왕정에 반대하던
정치범들이 투옥된
절대왕정의 상징
'바스티유 감옥'으로
향했다.

※전상을 입어 생활능력을 상실한 군인을 수용하는 병원

전하, 크, 큰일입니다!

민중이 바스티유 감옥을 습격했습니다!

뭐!? 폭동이 일어났단 말이냐?

폭동이 아닙니다! 혁명이 일어났습니다!

혁명…!?

베르사유 궁전

1789년 7월 14일 바스티유 습격을 시작으로 프랑스 혁명의 막이 올랐다.

바스티유 습격에 대한 복수로 귀족들이 마을을 공격할 거래!

흉작이 계속되는데 영주나 지주, 상인 놈들은 밀을 사재기 하고 있대!

이 소식은 순식간에 프랑스 전역에 전파되었다. 특히 흉년에 시달리던 농민들 사이에

귀족들이 음모를 꾸민다는 소문이 퍼지면서

으으, 민중을 말릴 수는 없는데… 이대로 두면 우리 소유의 땅도 피해를 입을 거야…

이로 인해 영주나 지주 출신인 국민제헌의회 대표들도 골머리를 앓았다.

국민제헌의회 귀족 출신 의원들

차라리 이번 일을 기회로 귀족과 영주의 특권 폐지를 의회에 제안합시다!

오노레 미라보

이 귀족 놈들!

대출 계약서를 내놔! 불태워 버리겠어!

영주의 집을 불태우자!

농민들이 귀족을 공격하는 소요 사태가 발생했다.※

87

※ 농민들이 패닉에 빠져 일으킨 이때의 소요 사태를 가리켜 '대공포(Grande Peur)'라고 부름

폐지된 봉건적 특권

【봉건적지대】
농민은 영주에게
예속돼 지대 등을
부담해야 함

【조세면제】
성직자와 귀족은
세금을 부담하지 않음

【십일조】
농민은 수확물의
약 10%를 교회에
헌납해야 함

【영주재판권】
영주는 자신의
영지 내에서
재판권을 가짐

8월 4일부터
이틀간 개최된
국민제헌의회는
이 소요 사태를
진정시키기 위해

귀족과 성직자의
봉건적 특권
폐지를 결정했다.

※ 지대(토지 임대료)는 20년~25년에 해당하는 금액을 일시불로 지급하는 조건으로 폐지됨

8월 26일
기세가 오른
국민제헌의회는

헌법안으로
라파예트가 기초한
『인권선언(인간과 시민의
권리선언)』을 채택했다.

이에 따라
귀족과 성직자도
수입에 따라 세금을
납부하게 되었고
농민의 지위가
향상되었다.

세금 세금 세금

평등!

「인권선언」은

· 모든 인간은 태어나면서부터
  자유롭고 평등한 권리를 가짐
· 언론의 자유
· 신앙의 자유
· 모든 주권은 국민에게 있음
· 소유권(사유재산)은 정부나 권력의
  부당한 요구로 침탈할 수 없음

등의 사상을 17개조로 설명해
근대적 헌법 이념을 제시했다.

인간은
태어나면서
부터
자유이며
평등한
권리를
가진다.

이는 절대왕정이다
신분제 등의 앙시앵 레짐을
전면 부정하는 것으로서
후대에 큰 영향을 주었다.

한편 여전히 파리의 시민들은 해소되지 않는 식량 부족으로 고통받고 있었다.

밀이 안 들어와서 빵값이 감당할 수 없을 정도로 비싸!

더는 못 참아! 베르사유 궁전으로 가서 국왕에게 따지자고!

이어 시민군 2만여 명이 그 뒤를 따랐다.

1789년 10월 창과 검으로 무장한 여성들이 대포까지 끌고 베르사유 궁전을 향해 행진을 시작했다.

빵을 달라!

파리에 밀을 달라!

!

시민들이 빵을 달라고 일으킨 무장봉기 입니다.

무슨 소동 이냐!?

우ー

우ー

전하… 우선은 국민들을 진정시키시지요.

국왕은 어째서 이런 곳에 자빠져 있나!

파리로 가봐라!

아, 그래…

우우…

우우…

봉건적 특권을 포기하고 「인권선언」을 인정하지…

시민이 집결한 모습을 본 루이 16세는

「인권선언」을 인정하고 시민들에게 빵을 배급할 것을 약속했다.

오오! 국왕이다!

국왕을 파리로!

시민들이 빵을 요구하며 일으킨 이 무장봉기를 '베르사유 행진'이라고 부른다.

파리로!

파리로!

이렇게 국왕 일가는 약 3만 명의 무장한 시민들에게 둘러싸여 튀일리 궁전으로 연행되었고, 의회 역시 파리로 옮겨져 정치의 중심지가 파리로 일원화되었다.

이제 일단은 안심이네요.

덜컹덜컹 망명을 시도했으나

국왕 일가는 혁명이 격화됨에 따라 상황을 피하기 위해

1791년 6월

덜컹 덜컹

전하, 저희와 함께 파리로 돌아가 주셔야 겠습니다!

국경 근처의 바렌에서 추격자에게 잡혀

벌컥

※1 오스트리아 대공 '마리아 테레지아'의 딸

국왕 일가를 파리로 끌고 가라!

내통해서 프랑스를 팔아먹을 생각이었던 거지!

왕비가 오스트리아 사람이잖아!※1

국왕 일가는 프랑스를 배신할 셈이야!

망명을 시도하다니!

튀일리 궁전으로 끌려갔다.

이 '바렌 사건'으로 인해 국왕의 권위는 땅에 떨어지고 말았다.

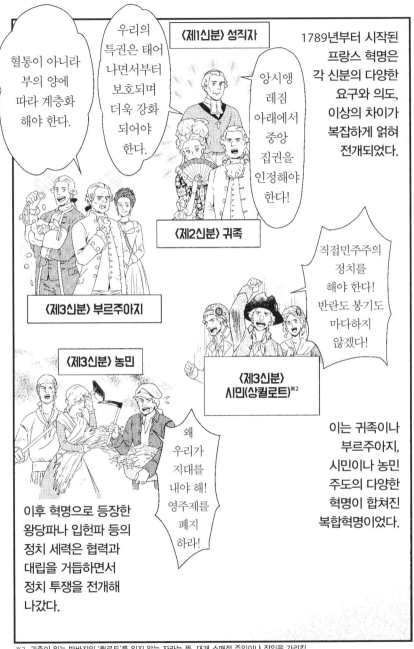

※2 귀족이 입는 반바지인 '퀼로트'를 입지 않는 자라는 뜻. 대개 소매점 주인이나 장인을 가리킴

※1 일정액 이상의 세금을 내는 이들에게만 선거권을 부여해 치르는 선거

이어서
절대주의를 부정하고
왕권을 헌법과
법 아래에 두는
입헌군주제를 채택해
제한 선거[※1]의 실시를
결정했다.

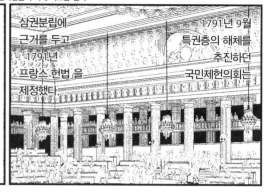

삼권분립에
근거를 두고
1791년
프랑스 헌법을
제정했다.

1791년 9월
특권층의 해체를
추진하던
국민제헌의회는

'입법의회'가
수립되었다.

10월에는
제한 선거를
통해 선출한
의원들로
구성된

※2 프랑스 혁명 시기 자코뱅 수도원을 중심으로 조직된 정치 세력.
그룹마다 정치적 이상이 달라 주도권을 두고 다툰 끝에 갈라섬

퓌양파는 입헌군주정의 정착을,
지롱드파는 민주화를 거듭해
공화정으로의 이행을 원했지만
초기에는 퓌양파가 우세했다.

수립 이후 입법의회에서는
자코뱅당[※2]에서 분열된
퓌양파와 지롱드파가
대립했는데,

왕권은
헌법으로
제한하고
자유로운
경제
활동을
지향하자.

국왕 따위
필요 없어!
국민이
주인공
이다!

지롱드파
온건 공화파

퓌양파
입헌군주파

한편 프랑스의 주변국들도 이 일련의 혁명에 영향을 받았다.

이에 1791년 8월 혁명의 확산을 경계한 오스트리아와 프로이센은 '필니츠 선언'을 발표해 프랑스 측에 왕정복고를 요청했다.

혁명 따위 절대로 인정하지 않겠다!

레오폴트 2세[※3]
신성로마 제국 황제

프리드리히 빌헬름 2세
프로이센 국왕

오스트리아와의 전쟁에서 지면 혁명이 끝날 테니 복권되지 않을까…?

루이 16세

오스트리아가 우리를 적대시 한다고!

지롱드파
입법의회 의원

프랑스 혁명 전쟁이 발발한 것이다.

1792년 4월 루이 16세는 입법의회의 승인 아래 오스트리아에 선전포고했다.

선전포고 하자!

의회와 국왕 의중은 달랐으나 전쟁을 바라는 마음은 같았다.

※3 마리 앙투아네트의 오빠

프랑스는 오스트리아-프로이센 동맹군에 연달아 패배해 국내 침입을 허용했으나…

이번에 야말로 우리에게 주권을!

분명 왕비가 정보를 유출하는 거야!

우리의 파리를 지켜라!

각지에서 조국의 위기를 돕기 위해 의용군이 잇달아 일어나 파리에 집결했다.

와아아아!!

전쟁이 한창이던 1792년 8월 10일 상퀼로트와 의용군이 왕궁을 습격했다. (8월 10일 사건)

다음날 입법의회는 왕권의 정지를 선고했고, 국왕 일가는 붙잡혀 탕플 탑에 유폐되었다.

이때 마르세유에서 온 의용군이 부른 노래 《라 마르세예즈》는 훗날 프랑스의 국가가 되었다.

군주국 놈들을 무찔러 버리자!

※ 자코뱅 당의 급진 공화파, 상퀼로트의 지지를 받음

국민공회는 남성 보통선거를 통해 선출된 의원으로 구성되었는데,

이로써 푀양파에서 지롱드파로 실권이 넘어가는 한편, 더욱 급진적인 산악파*가 대두되었다.

더 이상 왕권은 없다! 국민공회는 이 자리에서 공화정을 선포한다!

9월 21일 새롭게 수립된 국민공회가 왕정의 폐지와 공화정 채택을 결정했다. 이를 '제1공화국' 이라고 부른다.

살려 두면 언젠가 다시 왕정이 복고될지도 모른다!

국왕을 처형 하자!

공화정 체제에서 국민의 주권을 뺏은 국왕은 중죄인이다!

생쥐스트
산악파

물론 국왕은 유죄라고 생각해. 그치만 처형 까지는 …

지롱드파

그따위 짓을 하면 타국이 가만히 있겠소!

술렁

이…! 그래도 우리의 국왕 이야 …!

97

국민공회의
결정으로
루이 16세는
처형되었다.

앙시앵 레짐이
완전히 끝난
것이다.

오스트리아나
프로이센 등
유럽 각국에
호소함으로써

영국

네덜란드

프로이센

프랑스

오스트리아

스페인

나폴리

사르데냐

군사동맹을
결성했다.
(제1차 대프랑스 동맹)

이렇게 되자
처음에는 혁명을
방관하던 영국도

혁명이 확대돼
자국에 영향을
줄까 우려해

국왕을
처형
했다고
!?

윌리엄 피트
영국 총리

98

그런 기관은 필요가 …

지롱드파

방위와 시민의 안전을 위해 '공안 위원회'를 설치하자! 거기서 군사, 외교, 행정 등 모든 일을 통제하는 거야!

조르주 당통 산악파

이 무렵 국민공회 에서는 지롱드파와 혁명을 밀어붙이는 산악파의 갈등이 심화되고 있었다.

！

왕정 복고를 시도했지? 체포 하겠다!

곧이어 체포되었다.

1793년 6월 국민공회에서 추방되었고

그러나 지롱드파는 대외 전쟁의 실패와 국내의 반혁명 폭동을 억제하지 못해

모든 인간의 평등권과 생존권을 보장하자!

우선 곡물 가격의 상한을 정해 식량 독점을 금지한다!

로베스피에르 산악파

새로운 헌법을 제정해 기본적 인권을 보장하겠다!

1793년 6월 국민공회

새롭게 「1793년 프랑스 헌법」이 제정돼 인민주권과 남성 보통선거 제도, 노동권 등이 인정되었다.

파리의 식량 부족 문제도 해결 되겠어.

곡물 가격을 안정 시킨다고 했으니

지롱드파 놈들이 국민공회 에서 추방 되었다지?

시끌 시끌

공화국을 위하여!

와 아

그치만 단두대에서 처형된 국왕을 제외하면

왕비라든가 반혁명 세력은 아직 살아 있어.

무엇보다 우리들의 권리를 인정한다 잖아!

「1793년 프랑스 헌법」은 국민투표에서 압도적인 지지를 받긴 했지만, 전쟁 상황임을 고려해 시행되지는 않았다.

와 하하 …

그건 그래!

에이~ 이제 로베스 피에르가 싹 다 처리해 주겠지. 하하!

로베스피에르는 반혁명 인사들을 잇달아 재판소에 회부했고,

마리 앙투아네트를 사형에 처한다!

민중들의 지지를 얻은 산악파는 국민공회 내에서 권력을 강화하는 한편 로베스피에르를 중심으로 독재 정치를 펼쳤다. 이후 자코뱅 당의 주도권을 잡은 산악파는 '자코뱅파'라고 불렸다.

혁명 재판소

모든 것은 민중을 위해…

1년 동안 약 1만 5천 명의 목숨을 앗아갔다.

난 아무 짓도 안 했어!

지롱드파의 주요 인사나 배신 혐의를 받는 동지까지 체포해 처형했다.

이렇듯 로베스피에르가 이끄는 자코뱅파의 독재체제는 '공포정치'라고 불리며,

저 폭군을 끌어 내리지 않으면 안 돼.

언제 살해 당할지 몰라.

로베스 피에르는 독재자다.

동료들 까지 처형했어 ...

혁명력※1 테르미도르 9일 (1794년 7월 27일) 쿠데타가 일어나

로베스 피에르를 잡아라!

폭군을 무찌 르자!

이후 국민공회는 온건한 노선으로 선회했고,

국민들을 위해 해온 일이었는데 ...!

새롭게 제정된 「1795년 프랑스 헌법」에 따라 5명의 총재가 통치하는 '총재정부'와 이원제 의회가 수립되었다.

다음날인 28일 처형되면서 공포정치가 막을 내렸다.

로베스피에르 등 자코뱅파의 주요 인사가 체포되어

※1 1793년 국민공회가 발표한 달력. '테르미도르, 브뤼메르, 방데미에르' 등 달의 명칭을 바꿈

102

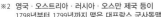

※2 영국 · 오스트리아 · 러시아 · 오스만 제국 등이 1798년부터 1799년까지 맺은 대프랑스 군사동맹

총재정부라는 이름뿐 아무것도 못 하고 있지 않은가!

에마뉘엘 시에예스

그러나 총재정부 내의 당파 싸움과 제2차 대프랑스 동맹[※2]이 국경을 위협하는 상황 이었기 때문에 정국은 안정되지 못했다.

군사력과 실력을 갖춘 '나폴레옹'이 적임자야!

아! 대프랑스 동맹에 대항하는 일에는

탈레랑 외무장관

조제프 푸셰 경찰장관

우리 프랑스에는 민중을 이끌 강력한 지도자가 필요하네.

'나폴레옹 보나파르트' ...

그는 혁명력 방데미에르 (1795년 10월) 파리 중심부에서 일어난

왕당파의 반란을 하룻밤 사이에 진압한 젊은 군인이었다.

또 1796년 이탈리아 원정군의 총사령관으로 임명돼 북부 이탈리아 도시를 연달아 제압하면서 국민적 영웅으로 우뚝 서게 되었다.

우리 나라의 영웅 이야!

이탈리아 원정군이 연전연승 중이라 더군.

아직 젊은데 대단한 청년이야!

나폴레옹 보나파르트
대위 · 포병장교

곧이어 나폴레옹은 영국 방면 총사령관으로 임명되었으나…

나에게도 정치 무대에서 활약할 힘이 생겼다…

코르시카 섬에서 태어난 이름 없는 장교였던 나폴레옹은 이 공적으로 '방데미에르 장군'으로 유명해지게 되었다.

104

과연! 이집트를 점거하면 영국에 타격을 줄 수 있겠어!

우선 영국과 인도를 잇는 중계 거점인 이집트를 제압하시죠!

영국과의 맞대결은 무모합니다.

이윽고 7월 이집트에 상륙한 프랑스군은 밤낮 없이 싸운 끝에 알렉산드리아를 점령했다.

1798년 5월 나폴레옹은 4백 척 이상의 배와 3만 7천 명에 달하는 수많은 장병을 싣고 이집트로 향했다.

제군들이여!

4천 년의 역사가 너희를 내려보고 있다!

같은 달 카이로를 향해 진군하던 프랑스군은 나일 강변에서 맘루크* 군을 상대로 승리를 거두었다.

멀리 기자의 대피라미드가 보이는 지역에서 벌어진 전투였기에 훗날 이 전투를 피라미드 전투라고 부르게 되었다.

※ 오스만 제국의 지배 아래에서 이집트를 실질적으로 지배하던 세력

이 쿠데타는 반드시 성공할 거요!

민중은 당신의 편!

시에예스 님, 저와 손을 잡고자 하시는 겁니까?

지금과 같은 위기 상황에 총재정부는 아무것도 못하고 있소!

...

좋습니다. 함께 새로운 정부를 만드시죠.

혁명력 브뤼메르 18일 (1799년 11월 9일)

나폴레옹은 군대를 이끌고 의회장에 난입해 총재정부를 해산시켰다.

이렇게 나폴레옹과 시에예스의 쿠데타는 성공했다!

바스티유 습격부터 브뤼메르 18일 쿠데타까지의 시기를 '프랑스 혁명'이라고 한다.

"지금, 혁명이 끝난 것이다!"

"혁명의 이념은 실현되었다!"

나폴레옹 측 인사들은 「1799년 프랑스 헌법」을 새롭게 제정한 다음, 3명의 통령이 다스리는 '통령정부'를 수립했다.

나폴레옹은 스스로 제1통령에 취임했다. (브뤼메르 18일 쿠데타)

뒤코
제3통령

시에예스
제2통령

나폴레옹
제1통령

이로써 프랑스는 평화를 되찾았고 나폴레옹은 국민투표를 통해 종신통령으로 임명되었다.

부르주아지와 농민의 압도적 지지를 받은 나폴레옹은

다시 원정에 나서 연전연승을 거듭했다.

· 1801년 2월
프랑스-오스트리아
뤼네빌 조약 체결
→ 라인 강 왼쪽 기슭 확보
· 1802년 3월
프랑스-영국
아미앵 조약 체결
→ 제2차 대프랑스 동맹 붕괴

1804년 3월
『프랑스 민법전』[1]을
제정했다.

이 법전은
혁명 정신을 토대로
체계적으로 짜여 있어
훗날 유럽 각국에서
모범으로 여겨졌다.

· 법 앞의 평등   · 계약의 자유
· 소유권의 보장   · 종교의 자유
· 가부장제에 의거한 가족관 존중

이외에 행정 측면에서는
건전한 재정을 세울
방법을 모색하고,
혁명 이후 대립하고
있던 가톨릭교회와
화해하는 한편,

프랑스 은행 창설(1800)

교황 '비오 7세'와의
정교협약[2] 체결(1801)

공화정에
마침표를 찍고
'프랑스 제국'
시대를 열었다.
(제1제정)

이렇듯 정치에
심혈을 기울인
나폴레옹은

1804년 5월
국민투표를
통해 황제의
자리에 올라…

나폴레옹
통령님을
황제로!

황제
폐하!

※1 1807년 『나폴레옹 법전』으로 명칭을 바꿈
※2 '콩코르다툼'이라고도 부름. 국가와 교황 사이에 맺는 조약을 말함

※ 오늘날 '베토벤 교향곡 제3번'으로 알려진 《영웅》

내 실력을 보여 주지!

영국 본토를 공격 하라!

이에 나폴레옹은 같은 해 10월, 영국 상륙작전과 오스트리아 진군을 동시에 전개했으나,

한편 영국은 1803년 아미앵 조약을 파기하고 나폴레옹의 즉위를 빌미로 1805년 8월 러시아, 오스트리아와 제3차 대프랑스 동맹을 결성해 프랑스를 포위했다.

러시아

영국

오스트리아

프랑스

제군들! 있는 힘껏 군인의 의무를 다하라!

프랑스군은 트라팔가 해전에서 넬슨이 이끄는 영국 함대에 패배했다.

호레이쇼 넬슨
영국 해군 제독

나폴레옹
프랑스 황제

세 황제의 전쟁이었기에 '삼제회전' 이라고도 불린다.

이렇게 시작된 아우스터리츠 전투는

찌릿 찌릿 찌릿

알렉산드르 1세
러시아 차르

프란츠 2세[2]
신성로마 제국 황제

제길, 그럼 러시아군과 오스트리아 군부터 무너뜨려야 겠다!

영국 놈들… 정말 강하군.

12월 1일 아우스터리츠[1]

이때 육군을 이끌고 있던 나폴레옹은 동맹군과의 결전을 앞두고 있었다.

※1 오늘날의 체코 동부 슬라브코프우브
※2 신성로마 제국의 황제 겸 오스트리아 제국의 황제

같은 해 예나~아우어슈테트
전투에서 프로이센을 무찌른
나폴레옹은 베를린에 입성해

1807년
러시아 · 프로이센과
틸지트 조약을 맺었다.

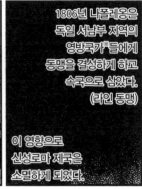

1806년 나폴레옹은
독일 서남부 지역의
영방국가들에게
동맹을 결성하게 하고
속국으로 삼았다.
(라인 동맹)

이 영향으로
신성로마 제국은
소멸하게 되었다.

이렇게
나폴레옹은
영국을 제외한
유럽 대부분을
지배력 · 영향력
아래 두게 되었다.

덴마크~노르웨이

영국

프로이센

러시아

라인
동맹

바르샤바
공국

프랑스

오스트리아

포르투갈

스페인

오스만
제국

나폴레옹은 영국에
경제적 타격을 줘
고립시키는 것을
목표로 삼고

영향력이
미치는 국가들에
'대륙봉쇄령'을
명령했다.

영국
제품은
불태워
버리
도록!

각국에
전달해!

모든
항구를
폐쇄하고
영국과의
무역을
전면 금지
한다!

1806년
11월
베를린

각국 사람들은
군주제나 다름없는
나폴레옹의 방침에
실망했고,

종속국에서는
저항의 움직임이
일어나기 시작했다.

가족을 종속국의
원수로 세우는 등
혁명의 이념과는
거리가 먼
행보를
보이면서

이후로도
유럽 전역에
세력을 떨친
나폴레옹
이었지만

1808년 형 '조제프'를
스페인 국왕으로 임명함

1806년 동생 '루이'를
네덜란드 국왕에 앉힘

저딴 놈이
어째서
스페인의
나폴
레옹 왕이냐!

1808년
스페인
시민 반란

1807년
베를린
독립전쟁

독일
국민
에게
고
한다!

우리
독일 민족은
타국 권력의
지배 아래
독립 기회를
잃었다!

이제
독일인으로서
단결해 독립을
쟁취하자!※

피히테
독일 철학자

「1808년 5월 3일
마드리드」(1814)

프란시스코 고야
스페인 화가

스페인의 화가 고야는
훗날 반란을 진압하던
프랑스군의 학살을 그렸다.
이처럼 각국에서는 서서히
민족의식이 높아져 갔다.

※ 당시 독일 지역은 통일되지 않고 영방국가가 난립해 있었음

한편 러시아는 나폴레옹의 대륙봉쇄령을 무시하고 영국과 무역을 계속했는데, 이들은 곡물을 수출하고 공산품을 수입했다.

이에 나폴레옹은 60만 명의 군사를 이끌고 러시아를 침공했으나…

감히 내 요구를 무시하고 영국과 무역을 하다니!

철저히 응징해 주마!

1812년 러시아

혹독한 기후 때문에 퇴각할 수밖에 없었다.

휘이잉…

러시아군의 초토화 작전※으로 인한 굶주림과

마을이 불탄 데다 사람 한 명 없습니다!

이래서는 보급이 …!

※ 적군이 시설·물자를 사용하지 못하도록 파괴해 두는 전술. '청야 전술'이라고도 함

너무 추워…

난 이제 틀렸어 …

나폴레옹은 간신히 살아 돌아올 수 있었으나, 상당수의 병사를 잃어 사실상 러시아 원정은 실패로 끝났다.

휘이잉…

수도인
파리를
점령했다.

1814년
3월
31일

그 후 제4차
대프랑스 동맹을
결성한 러시아와
오스트리아,
프로이센 등은
프랑스를 침공해

1813년 10월 독일 동부
라이프치히에서 전투를 벌여
프랑스군을 패퇴시키고,
(제국민 전투)

사각사각

나는
여기까지
인가…

사인을
…

저, 폐하.
퇴위
선언서에

그렇게 1814년 5월
황제의 자리에서
쫓겨난 나폴레옹은

지중해의
엘바 섬에
유폐되었다…

조국의
행복을 위해
스스로
황위에서
물러나겠다
…

이럴 거면 차라리 나폴레옹이 낫겠다.

또 왕정인가...

이에 국민들의 불만은 다시 커지게 되었다.

납세액을 기준으로 하는 제한 선거 제도가 도입 되긴 했으나 실상 왕정이 복고된 것이다.

예전 같이 왕정으로 되돌리 겠다!

나폴레옹이 퇴위한 뒤 루이 16세의 동생 '루이 18세'가 국왕으로 즉위했다.

루이 18세※
프랑스 국왕

민중들은 환희의 목소리로 그를 맞이했다.

그렇게 그는 다시 황제의 자리에 올랐다.

나폴레옹은 이러한 혼란을 틈타 파리로 돌아왔고

모두들! 내가 돌아 왔다네!

나폴 레옹!

나폴레옹 님이다! 돌아 오셨어!

나폴 레옹!

1814년 일련의 전쟁으로 인한 전후 처리와 유럽의 질서 재구축을 위해 빈 회의가 개최되었으나

각국의 의견이 엇갈려 회의는 계속 지지부진했다.

영국·프로이센 등의 동맹군은 프랑스와의 국경 근처 워털루로 진군해 나폴레옹의 축출을 도모했다. (워털루 전투)

이 소식을 듣고 당황한 유럽 각국은 1815년 6월 9일 「빈 의정서」를 체결하고,

워털루

지원군이 도착하지 못하면서 대패하고 말았다.

재기를 꿈꾸며 싸운 나폴레옹이었지만 호우로 인해, 포병이 무용지물이 된 데다.

그 후 남대서양의 세인트헬레나 섬에 유폐된 나폴레옹은 1821년 파란만장한 생애를 마쳤다.

결국 나폴레옹은 불과 3개월 만에 다시 퇴위하게 되었다.

이를 '백일천하' 라고 한다.

카리브해 히스파니올라 섬 서부

프랑스의 식민지 생도맹그에서는 커피와 설탕을 경작·생산하던 흑인 노예들이

프랑스에서 일어난 프랑스 혁명과 나폴레옹의 등장은

유럽에서 멀리 떨어진 중남미 식민지에도 영향을 주었다.

이 반란의 영향으로 종주국 프랑스의 국민공회에서는

1794년 흑인 노예 해방을 선언했다!

1791년 반란을 일으켰다.

모든 인간이 자유롭고 평등하다면

우리에게도 자유를 달라!

와아아아!!

진압하라!

120

이곳에 흑인의 나라를 세워 독립하자!

자유 만으로 끝내지 말라!

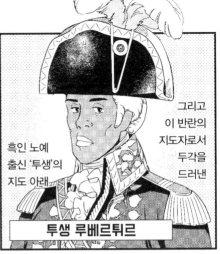

흑인 노예 출신 '투생'의 지도 아래

그리고 이 반란의 지도자로서 두각을 드러낸

투생 루베르튀르

이윽고 투생은 헌법을 제정하고 스스로 총독의 자리에 올랐다.

스페인령이던 히스파니올라 섬 동부에서도 반란이 일어났다.

이윽고 1801년 투생이 섬 전역을 차지하면서 흑인들은 노예에서 해방되었다.

투생은 사로잡혀 프랑스에서 옥사하고 말았다.

식민지의 유지를 위해 군대를 파견했고

본국에는 생도맹그에서 나오는 수익이 필요해!

그러나 당시 프랑스의 권력자였던 나폴레옹은

1804년 아이티의 독립을 선언했다.

곧이어 나폴레옹은 노예제를 부활시켰으나 현지의 강한 반발을 샀다. 이에 투생의 뜻을 이어받은 반란군은 프랑스군을 물리치고

우리는 오늘 이곳에서 새로운 자유 공화국 아이티의 건국을 선언한다!

장자크 데살린
투생의 보좌

와 아아아…!

1807년 영국 의회에서 노예무역을 금지하는 법률이 제정되었다.

그 배경에는 노예무역을 토대로 하던 식민지에서의 설탕 생산·무역 부진과

프랑스 혁명의 영향으로 중남미의 독립운동이 격해지는 와중 유럽에서는…

또 프랑스 혁명으로 각지에 퍼져나간 '인간은 모두 평등하다'라는 이념 역시 노예제 폐지 운동에 영향을 준 것으로 보인다.

이러한 움직임은 이후 미국과 네덜란드, 프랑스로 이어졌다.

영국 성공회 복음주의자들이 주장하던 인도주의로 인해 인간을 사고팔거나 노예로 부리는 비인도적인 행위에 대한 인식의 변화가 있었다.

본국이 나폴레옹에게 침공받고 있는 지금이 기회다!

우리도 미국처럼 독립을 쟁취하자!

한편 1808년 나폴레옹이 스페인을 침공하자, 스페인령 중남미 식민지 곳곳에서 독립운동이 일어났다.

이달고를 비롯한 중남미 독립운동 지도자들의 상당수는 크리올이었다.

악행을 일삼는 스페인 놈들을 죽여라!

이달고 신부

멕시코에서는 신부 '이달고'가 독립운동을 일으켰다.

참고로 이달고는 '크리올'이었는데, 크리올은 식민지에서 태어난 백인을 뜻한다.

123

북부에서는 유럽에서 교육을 받은 크리올 '시몬 볼리바르'가 콜롬비아 공화국의 독립을 쟁취했다.

시몬 볼리바르

남부에서는 '산마르틴'이 아르헨티나·칠레·페루의 독립운동을 지휘했고

호세 데 산마르틴

1825년 볼리비아를 독립으로 이끌었다.

그의 이름은 오늘날에도 '볼리비아' 라는 국명에 새겨져 있다.

1822년 에카도르, 1824년 페루,

볼리바르는 이후로도 독립운동을 지휘해

멕시코 독립운동(1810) [지도자] 이달고 → 독립(1821년)

아이티 공화국 독립(1804) [지도자] 투생 루베르튀르

콜롬비아 공화국 독립(1819) [지도자] 볼리바르

브라질 독립(1822) [지도자] 페드루

페루 독립선언(1821) [지도자] 산마르틴 & 볼리바르 → 1824년 완전 독립

파라과이 독립(1811)

볼리비아 독립(1825) [지도자] 볼리바르

우루과이 독립(1825)

그렇게 1820년대 까지 중남미 지역 대부분이 독립을 쟁취했다.

아르헨티나 독립(1816) [지도자] 산마르틴

칠레 독립(1818) [지도자] 산마르틴

미국 독립혁명에 이어
18세기 말에 발생한
프랑스 혁명은

대서양을 건너
중남미의 독립에까지
영향을 주었다.
(대서양 혁명)

이러한 혁명은 사람들의
인식을 변화시켜
정치 · 경제 체제의
변화뿐만 아니라

보편적 인권의 확립과
노예제 폐지 운동
으로까지 이어졌다.

프랑스 혁명이
전 세계에 근대적
이념을 전파하는
다리 역할을 한 것이다.

18세기 후반
미국과 프랑스가
혁명으로
시끄럽던 시기

영국에서는
전 세계에
커다란 변화를
가져올 혁명이
꿈틀대고 있었다.

제 3 장 세계를 변화시킨 산업혁명

새뮤얼 크럼프턴
방적기 발명가

존 케이
직조기 발명가

126

'산업혁명'
이라고
부른다.

이전의 생활과
산업 · 사회를
바꾸었다는
역사적 중요성을
고려해

이 혁명은
수많은 기술자와
발명가에 의한
기술혁신을 통해
이루어진 것으로

조지 스티븐슨
광부 출신 공학자

제임스 와트
기계공학자

주문량이 폭주해서 몸이 열 개라도 부족할 지경이야!

하아~ 바쁘다 바빠!

18세기 전반 런던

어느 옷 수선집

17세기 이후 서유럽에서는 인도산 고급 면직물인 캘리코가 크게 유행했는데,

양털로 짠 본국 모직물에 비해 감촉이 부드럽고 다루기도 편해!

아무래도 품질이 다르지 않나.

'캘리코' 소재로 옷을 만들어 달라는 주문이 끊이질 않네요.

캘리코는 염색하기 쉬우니까.

무늬도 다채로워서 좋아요.

특히 비단처럼 고급 옷감으로 만든 옷을 입지 못하는 서민층에게 인기가 높았다.

인도에서 캘리코를 대량으로 사들여 큰 수익을 올리고 있었다.

이 무렵 아시아 각지에서 무역하던 영국 동인도 회사는

본국에서도 고품질의 면직물을 만들 방법이 없을까요?

그렇지만 이대로면 본국의 직물 산업이 쇠퇴할 텐데요.

수요가 많은 차나 도자기 등의 고품질 상품을 수입했다.

당시 인도나 중국 등지는 제작 기술이 높았기에 서유럽 각국은 아시아와의 무역을 통해

은(은화)을 지불해 사들일 수밖에 없었다.

그러나 아시아에 수출할 만한 상품이 없는 상황이라

도자기

면직물

국내 생산이
가능한 물건은
국산품으로
대체하고자 하는
의식이 생겨났다.

그러나
아시아
무역에서
문제가
될 만큼
적자가 나자

이 시기 영국은
국가가 주도해
상업을 보호
하는 중상주의
정책을 취하고
있었다.

어느 직물업자의 집

조수

아시아
못지않은
고품질 직물을
만들어 보자!

경영자

아시아보다
더 좋은 품질로
대량생산할
방법만 있다면…
영국 면직물이
더 잘 팔릴
거야!

이후
이러한 의식이
강해지면서
산업혁명이
일어났는데,
그 시작은
면직물 산업
이었다.

1760년대 발명된 '하그리브스'의 다축방적기 (제니 방적기)와 '아크라이트'의 수력방적기였다.

다양한 아이디어에 따라 발명이 이어지던 와중 상업적 성공을 거둔 대표적인 기계는

직조기가 개량되자 무명실의 수요가 늘어났다.

하그리브스
목수 겸 발명가

아크라이트
발명가

이에 많은 기술자와 발명가가 면화에서 무명실을 뽑는 방적기를 개량하면서 기술개발 경쟁에 불이 붙었다.

기존에는 한 번에 한 올씩만 뽑을 수 있었지만 이 제니 방적기는 여러 개의 방추※가 달려 있어 한 번에 더 많이 뽑을 수 있습니다!

1764년

제니 방적기

※ 실이 감기는 쇠꼬챙이

제가 발명한 수력방적기는 복잡하게 설계된 기계입니다.

물레방아의 힘으로 롤러를 돌려 이전보다 더 빠르고 튼튼한 데다, 균일하게 실을 뽑을 수 있습니다.

1769년

수력방적기

우리 공장에도 수력방적기를 도입하고 싶어…!

1779년 런던

아크라이트는 수력방적기를 도입한 공장을 세워 막대한 부를 쌓았다.

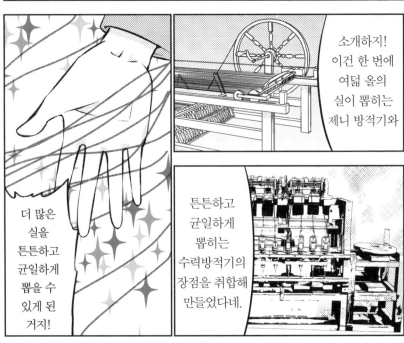

뮬 방적기를 사용하면 인도산 고급 면직물에 비견되는 무명실을 뽑을 수 있었고

그렇게 영국의 면직물 품질은 비약적으로 발전하게 되었다.

좋아! 너로 정했다!

네!

그래서 이 실로 옷감을 짜면? 인도의 모슬린※ 못지않아!

※ 얇고 부드러운 인도의 전통 직물

135

천을 짜는 속도가 따라오지 못해 실이 많이 남는군.

방적기 덕에 무명실을 대량생산할 수 있게 되었지만

같은 시기 링컨셔 주 링컨

이후 개량을 통해 사람의 힘만으로는 불가능했던 직물의 대량생산에 성공했다.

역직기

1785년 '카트라이트'는 기계로 구동하는 직조기인 역직기(자동직기)를 개발했다.

더 빠른 직조기가 필요해.

에드먼드 카트라이트

고품질 면직물을 짧은 시간 안에 낮은 가격으로 대량생산할 수 있게 되었다.

이렇듯 영국은 각종 방적기와 역직기의 발명을 통해 면직물 산업을 완전히 기계화하면서

당시 영국은 법률을 제정해 면직물 산업과 관련된 어떠한 정보도 수출하지 않았기 때문에

그는 영국에서 유학하며 방적 기술과 공장 경영을 배운 인물로,

그중에서도 '로웰'이 성공을 거두었다.

한편 곧이어 미국에서도 면직물 산업이 기계화되기 시작했는데…

프랜시스 캐벗 로웰
보스턴 무역상

남아 있는 기억만으로 기계 설계에 착수했다.

이 무렵 독일과 프랑스에도 첨단기술이 전해지면서

미국

영국

독일

프랑스

면직물 산업이 기계화되기 시작했다.

1813년

그렇게 그는 미국 최초로 방적과 직조를 동시에 하는 섬유공장을 구축해 커다란 기업으로 발전시켰다.

우리 옷감이 캘리코보다 품질이 좋고 싸져서 수입할 필요가 없어졌어!

19세기에 들어서자 인도의 캘리코는

기계로 대량생산 되는 영국산 면직물과 경쟁할 수 없게 되었다.

그렇게 인도 에서는 면직물 산업이 쇠퇴하고

인도에서도 우리 옷감이 날개 돋친 듯 팔려서 캘리코보다 장사가 잘 된대요!

그래?

이제 우리 영국 본국의 면직물은 세계적으로 인기 있는 수출품이 될 거야!

138

영국으로의
수출을 위해
원료인 면화가
특화 상품이
되었다.
(모노컬처 경제)

한편 기계화로
대량생산이
가능해지면서
새로운 수요가
생겨났다.

이로 인해
인도의
재래산업이
성장하지
못하면서

기계를
작동시키는
동력원이자
기계의 원료인
철의 생산에
꼭 필요한 연료
…

영국으로의
경제적 종속과
식민 지배가
더 심해지는
결과를 낳았다.

다시 말해
대량의
에너지가
필요해진
것이다.

이에 여기저기서 석탄을 대체 연료로 사용하려는 시도가 이어졌으나, 고온이 안정적으로 유지되지 않아 양질의 철을 뽑아낼 수는 없었다.

그러나 목탄은 화력이 약했던 데다, 나무를 벌채해 만들어야 해서 '삼림이 고갈되는 수준'의 환경 파괴가 발생했다.

용광로의 연료로 목탄을 사용했다.

18세기 이전까지 영국은 제철 작업을 할 때

석탄을 고온에 찜으로써 불순물을 제거하면 안정적으로 고온이 유지되는 연료 '코크스'가 만들어집니다!

에이브러햄 더비
주물 제조업자

그러던 1709년 영국의 '더비'가 코크스 제철법을 개발하면서 이러한 문제가 해결되었다.

그는 이 제철법으로 영국 제철업을 일으켰고

아들과 2대에 걸친 개량을 통해 사업에 성공했다.

코크스

코크스를 사용하면 순도 높고 단단한 철을 만들 수 있죠!

글래스고 대학교
스코틀랜드

코크스
제철법 이후
철 생산량이
급속히 증가했고,
강철이
제조되었으며,
제철 기계의
보편화가
이루어졌다.

고향인 스코틀
랜드로 돌아와
글래스고
대학교에서
수리 기사로
일하고 있었다.

'와트'는
런던에서
기계 다루는
법을 배우고,

대학교는
여러 교수님과
대화하면서
배우는 게 많은
직장이라니까.

이에 따라 석탄의 수요가
높아지면서 석탄업도 같이
발전하게 되었는데…
탄광에서 물을 빼내기
위한 동력을 고안하면서
개발·개량된 것이 바로
'증기기관'이었다.

제임스
와트

‘뉴커먼’ 씨가 증기기관 모형을 수리해 달라고 의뢰를 맡기셔서 …

조지프 블랙
글래스고 대학교 교수 · 화학자

1763년 겨울

이보게, 와트. 자네 뭐 하고 있나?

뉴커먼은 18세기에 증기기관을 개발했는데, 이는 탄광용 배수 펌프의 동력으로 사용되었다.

토머스 뉴커먼
영국의 발명가 · 기술자

‘갈릴레오’가 시작한 진공에 대한 연구를 실험하는 발명가가 아니신가.

오! 그분 이라면

아! 열심히 해보겠습 니다!

호오? 개량해 보겠나?

이렇게 와트의 시행 착오가 시작 되었다.

실린더가 식으면 다시 가열하는 데 석탄이 많이 드네…

그런데 이 모형… 연비가 너무 안 좋은데요 …

142

1769년

냉각수

피스톤

부하※

실린더

보일러

공기 펌프

좋았어! 연료 소비 효율이 높은 증기기관을 완성했다!

당시의 기술로는 양질의 부품을 만들 수 없었기에 와트는 증기기관의 실용화를 단념했으나

※ 여기서는 증기기관과 연결된 기계를 작동시키는 힘. 또는 그러한 힘이 가해지는 방향을 말함

마침내 기존의 3분의 1 만큼의 석탄으로 작동하는 '와트 증기기관'을 개발해냈다.

저희 기술과 와트 씨의 아이디어를 합치면 분명 실용화에 성공할 수 있습니다!

와트 씨 저희 공장으로 오시죠.

매튜 볼턴
철공소 경영인

이후 와트의 증기기관이 뉴커먼의 증기기관을 대체하면서 많은 탄광으로 부터 주문이 밀려들었다.

'볼턴&와트'를 설립하고 공동으로 사업을 추진하면서

뛰어난 기술력을 가진 경영인 '볼턴'과 협력해

증기기관의 도입으로 이미 기계화를 거치고 있던

면직물 산업의 생산성은 한층 더 향상되었고

'유성기어장치'를 도입해 피스톤의 상하운동을 회전운동으로 바꾸는 데 성공했다.

1781년 계속해서 증기기관을 개량하던 와트는

이제 물을 퍼 올리는 것뿐만 아니라 면직물 산업이나 다른 분야에도 증기기관을 사용할 수 있을 거예요!

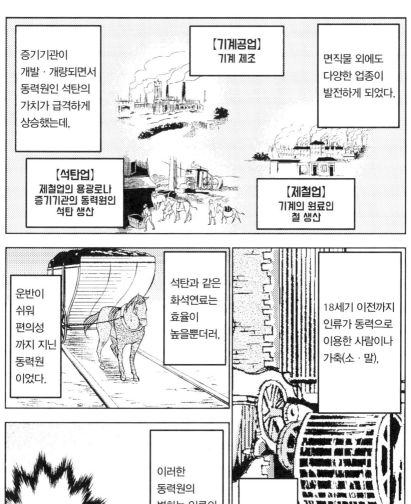

증기기관이 개발·개량되면서 동력원인 석탄의 가치가 급격하게 상승했는데,

【기계공업】
기계 제조

면직물 외에도 다양한 업종이 발전하게 되었다.

【석탄업】
제철업의 용광로나 증기기관의 동력원인 석탄 생산

【제철업】
기계의 원료인 철 생산

운반이 쉬워 편의성까지 지닌 동력원이었다.

석탄과 같은 화석연료는 효율이 높을뿐더러,

18세기 이전까지 인류가 동력으로 이용한 사람이나 가축(소·말),

이러한 동력원의 변화는 인류의 역사에서 그 중요성을 인정받아

'에너지 혁명'이라 불리고 있다.

자연에너지 (풍력·수력)에 비해

화석연료를 동력원으로
사용하는 기계를 갖추고,
공장에서 다양한 제품을
생산하는 산업구조는

그렇게 영국에서 출발해
19세기 초에 이르면
세계 각지에 보급되었다.

오늘날의
산업·경제 구조,
즉 화석연료를
주된 동력원으로
삼는 구조는
증기기관의 개발과
함께 시작된 것이다.

또
와트 증기
기관의
등장으로
연료비가
줄어들자

19세기에
들어서면서
운송수단에도
증기기관이
적용되기
시작했다.

이렇듯
대규모의 기계공업
발전이 일어나면서
대량의 원료·
제품·석탄을
운반할 필요성이
생긴 영국은

18세기
후반부터
수송로의
일종으로
운하 건설에
착수했다.

도로나
하천으로는
부족함을
느껴

미국의 기술자 '풀턴'은 잠수정 · 증기선 실험을 거듭하다 마침내 제대로 된 증기선을 만들었는데,

증기선 클러먼트호의 시운전 날에 참석하신 걸 환영합니다!

여러분!

이제 배도 사람이나 바람이 아닌 증기의 힘으로 움직입니다!

로버트 풀턴
미국의 기술자

1807년 미국 뉴욕

풀턴이 실용화한 증기선은

19세기 전반 대서양 횡단에 성공하고

그럼 강을 거슬러 상류로 올라가 볼까요?

바람이 안 불어도, 맞바람이 불어도 빠르잖아? 대단해!

이 선박의 동력원 역시 볼턴& 와트의 증기기관 이었다.

참고로 에도 막부 시절이던 1853년, 우라가 항구에 입항해 일본인들을 놀라게 한 '흑선'도 증기선이었다.

많은 이민자가 이 증기선을 타고 서유럽에서 미국으로 이주했다.

19세기 중반에 이르러 운송수단으로 이용되면서

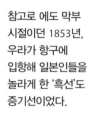

한편 증기기관은 또 하나의 운송수단을 창출해냈는데…

19세기 초 영국 뉴캐슬 근교 킬링워스 탄광에서는

'스티븐슨' 이라는 한 인물이 기술자로 일하고 있었다.

조지 스티븐슨
훗날 '철도의 아버지'라고 불리게 되는 인물

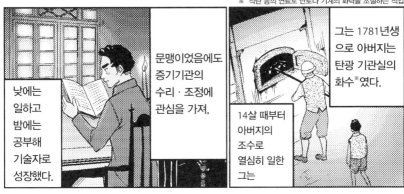

낮에는 일하고 밤에는 공부해 기술자로 성장했다.

문맹이었음에도 증기기관의 수리·조정에 관심을 가져,

그는 1781년생으로 아버지는 탄광 기관실의 화수※였다.

14살 때부터 아버지의 조수로 열심히 일한 그는

당시에는 주로 마차에 석탄을 실어 선로로 운반하는 마차철도가 이용되었지만, 한편에서는 차량에 증기기관을 탑재하려는 시도가 이어지고 있었다.

더 실어!

그 무렵 제철업이 번성하던 영국에서는 무겁고 많은 면적을 차지하는 석탄을 어떻게 효율적으로 운반할지 모색하고 있었다.

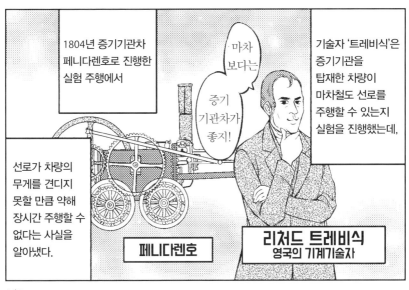

1804년 증기기관차 페니다렌호로 진행한 실험 주행에서

마차 보다는 증기 기관차가 좋지!

기술자 '트레비식'은 증기기관을 탑재한 차량이 마차철도 선로를 주행할 수 있는지 실험을 진행했는데,

선로가 차량의 무게를 견디지 못할 만큼 약해 장시간 주행할 수 없다는 사실을 알아냈다.

페니다렌호

리처드 트레비식
영국의 기계기술자

블뤼허호

1814년 스티븐슨은 연구와 개량을 거쳐 증기기관차 주행에 성공했다.

그리고 더 튼튼한 철제 선로를 깔아야 겠는데…

바퀴를 개량해서 선로와의 마찰을 줄여보자.

어떻게 해야 증기기관차를 선로 위로 달리게 할 수 있을까…?

해냈다! 이걸로 많은 양의 석탄을 나를 수 있게 되었어!

이윽고 그가 만든 기관차는 석탄 운반용으로 실용화되면서 여러 탄광에서 사용되었다.

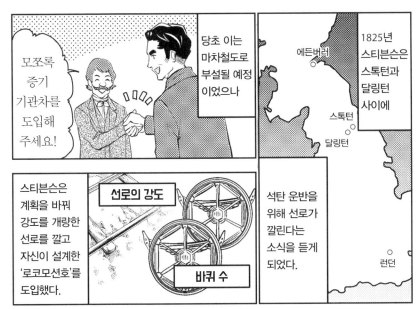

모쪼록 증기 기관차를 도입해 주세요!

당초 이는 마차철도로 부설될 예정이었으나

1825년 스티븐슨은 스톡턴과 달링턴 사이에

에든버러

스톡턴

달링턴

스티븐슨은 계획을 바꿔 강도를 개량한 선로를 깔고 자신이 설계한 '로코모션호'를 도입했다.

선로의 강도

바퀴 수

석탄 운반을 위해 선로가 깔린다는 소식을 듣게 되었다.

런던

로코모션호

그렇게 1825년 세계 최초로 석탄 운반에 증기기관차를 사용하는

'스톡턴– 달링턴 철도'가 개업했다.

영국 전역의 물품을 운반하는 데 없어서는 안 되는 존재가 되었군요.

이제 철도는 석탄뿐만 아니라

음.

스티븐슨 선생님, 여기 계셨군요.

1830년대에 들어서면서 영국 각지에 철도가 급속도로 보급되었다.

스티븐슨의 작업장

1829년 리버풀─맨체스터 철도가 부설되던 시기

대회에 내보낸 로켓호도 증기분사장치 덕분에 속도가 현격히 빨라졌네.

육상운송도 말과 사람에서 증기기관차로 바뀌는 추세입니다.

해상운송이 범선에서 증기선으로 바뀌었듯이

스티븐슨이 그의 아들 '로버트'와 함께 만든 로켓호가 완주해 우승하면서 정식 기관차로 채택되었다.

도입할 기관차를 선정하는 경주 대회가 열렸는데,

그럼! 원료뿐만 아니라 사람도 태울 수 있다네!

로켓호

영국 전역에 철도가 부설되자

수력에 의지해 대체로 계곡에 세워지던 면직물 공장을 제외하고는

선로를 따라 공업도시가 들어서면서 영국의 경관이 크게 달라졌다.

1850년대에는 미시시피 강 동쪽 지역에 철도망이 형성되었다.

1840년대에는 약 4,500km에 달하는 철도가 부설되었고,

이 무렵 미국 에서도

1830년 최초의 철도가 개업한 뒤로

154

이처럼 국가마다 반발이 있긴 했으나,

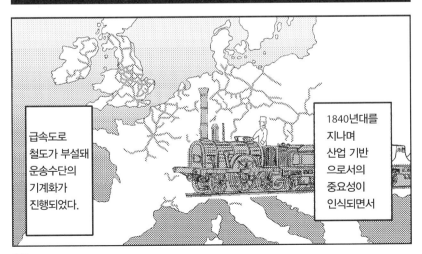

・공장・토지・기계 등을 소유함
・노동자를 고용해 상품을 생산함

산업 자본가

이익

노동 임금

노동자

공장을 경영하는 산업 자본가와 노동자로 이루어진 생산체제 '자본주의'가 형성되었다.

산업혁명으로 '공장제 공업'이 자리를 잡고

이처럼 자본가가 노동자를 고용해 이윤을 추구하는 경제・사회 구조를 '자본주의 체제'라고 부른다.

공장・토지・기계 등을 소유하고 노동자에게 상품을 생산하도록 해 이익을 얻었는데,

이들 산업 자본가라 불리는 새로운 계층은

노동자들이 규칙과 시간을 지키도록 해야겠어!

음, 공장에서는 단체로 일하니까,

규칙과 시간을 엄수해야지!

지금처럼 자유롭게 일하게 두어서는 안 되겠네~

점차 경제의 대세를 좌우하게 되면서 사회적 지위가 상승했다.

157

기계 말고 사람에게 일을 맡겨라!

우리 장인들의 일자리를 빼앗아간 기계를 부수자!

한편 공장제가 퍼지면서 일자리를 잃어 가던 직물업자들은

더 이상은 못 참아!

조합 등에 모여 기계도입 반대운동을 시작했고,

그만! 그만 둬!

아… 이럴 수가…

퍽 퍽

이는 '러다이트 운동'이라고 불리는 기계파괴 운동으로 이어졌다.

정부에서는 1812년 최고형으로 사형을 처분하는 법률을 제정하고, 탄압·대처하면서 운동은 점차 잦아들게 되었다.

1810년대에 들어 기계공업이 보편화된 랭커셔 지방을 중심으로 운동이 최고조에 이르자

외국산 곡물을 들여오면 농업에 기반을 두고 있는 우리나라는 큰 타격을 받소!

지주

이로 인해 유럽 각국에서 수입되는 곡물이 늘어나면서

약 20년에 걸친 프랑스와의 전쟁이 종결되었다.

1815년 워털루 전투에서 영국이 나폴레옹에게 압승을 거두면서

영국 의회는 값싼 외국산 곡물 수입을 관세로 제한하는 「곡물법」을 제정했다.

수입 곡물의 관세를 높여 여러분의 이익을 지키겠습니다.

어떻게 처리할 생각입니까!

정치가

왜 부자들만 우대 받는 거야!?

제길, 식량이 부족하잖아!

다 팔렸어!

외국산 밀은 비싸고 국산은 흉작이라 들어오질 않네.

당시 노동자들의 불만은 식량 사정도 반영되었던 것이다.

한편
공장 주위에
일자리를
구하는
노동자가
모여들면서
형성된

맨체스터나
버밍엄 같은
공업도시에서는
노동문제가
발생했다.

참나!
의회는
뭘 하고
있는 건지.

밀 값이
오르면 우리도
노동자들의
임금을 올려줘야
하잖아!

이 때문에
산업 자본가들
역시
「곡물법」에
불만을 가졌다.

산업 자본가

값싼 여성과 아동을 더 많이 고용해!

기계화 덕분에 숙련된 기술도 힘도 필요 없잖아!

어떻게 된 거야!? 공장장! 생산량이 줄어들고 있잖아!

이 무렵 산업 자본가들은 이익을 얻는 데만 혈안이었다.

돈이 조금 드니 그만큼 설비에 투자할 수 있어!

네…

조용히 일하렴!

쉿! 애야, 공장장이 노려보고 있잖아.

하지만 내가 일하지 않으면 가족들이 굶어 죽을 거야…

휴, 아침부터 밤까지 쉬지 않고 일해야 한다니. 힘들어…

찌릿

매일 새벽 2시에 일어나서…

네…

일어나렴. 일하러 갈 시간이야.

어느 탄광에서는…

※ 약 51kg

헌드레드웨이트※나 들어가는 손수레를 5번이나 가득 채워야 한다니 무리야…

하루에도 몇 번씩 좁은 갱도를 왔다 갔다 석탄을 나르고…

이런 나날이… 언제까지 이어지는 걸까…

그래도 채찍으로 얻어맞지 않으려면 시키는 대로 해야지.

찰싹

찰싹

찰싹

찰싹

깜짝

공업도시 등지에서는 장시간 노동이나 저임금, 여성이나 아동에게 가혹한 노동 환경과 같은 노동문제가 발생했다.

163

게다가 도시로 유입되는 인구에 비해 일자리가 부족해 많은 이들이 빈곤에 시달렸으며,

나도 도시에서 일자리를 찾아야 하는데…

백수인 채로는 가족들을 먹여 살릴 수 없어…

※ 콜레라균으로 일어나는 감염증. 본래 인도의 풍토병이었으나 19세기 이후 세계 각지로 감염이 확산됨

공장에서 나오는 폐기물 · 폐수로 인해 위생이 열악해지면서 감염증 확산과 같은 사회문제까지 발생했다.

이러니 콜레라*가 유행하지.

생활 기반이 정비돼 있지 않던 도시에

공장이 늘어난 탓에 하늘이 새까매!

몸속까지 먼지 투성이가 될 것 같군.

이러한 빈곤, 환경오염 등의 사회문제는 영국뿐만 아니라 프랑스와 같은 유럽 각국의 도시들도 마찬가지였다.

차라리 다른 곳으로 떠나고 싶다.

짜ㅅ 짜ㅅㅅㅅ

이런 날이면 농촌이 그리워져…

강에서 나는 냄새가 평소보다 고약해.

한편 18세기 이후 인구가 늘어나면서

식량의 원천지인 농촌에도 변혁이 요구되었다.

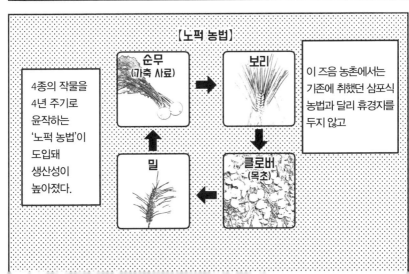

【노퍽 농법】

순무 (가축 사료)

보리

밀

클로버 (목초)

4종의 작물을 4년 주기로 윤작하는 '노퍽 농법'이 도입돼 생산성이 높아졌다.

이 즈음 농촌에서는 기존에 취했던 삼포식 농법과 달리 휴경지를 두지 않고

지주층이 대부분이던 의회 역시 이를 지지 하면서

농업 자본가들은 중소 농민의 토지나

또 농업 자본가들이 지주에게 토지를 빌린 뒤 소작농을 고용해

경작하고 도시에 공급할 농작물을 생산했다.

농업 자본가

참고로 제1차 인클로저는 15세기 말부터 17세기 중반까지 영주·지주가 개방된 경작지나 공유지를

울타리·담으로 둘러쌓아 목축지로 만들던 운동을 말한다.

다만 제1차, 제2차 운동이 연속으로 일어나진 않았다.

더욱더 확대시킬 거야.

마을의 공유지를 합쳐 대농장을 형성하고

노퍽 농법을 적용해 생산성을 향상시켰다. (제2차 인클로저)

A 농지
B 농지
C 농지
D 농지
G 농지
F 농지
E 농지
H 농지

【제2차 인클로저】

도시로 이주해 공장의 노동자가 되었다.

이를 '농업혁명' 이라고 한다.

이렇듯 영국에서는 농업 자본가가 대농장을 경영하는 자본주의적 농경이 확립 되었다.

농지를 포기하고 이곳에 왔습니다! 제발, 일을 주세요!

농업혁명 으로 토지를 잃은 중소 농민들은

농업 자본가 밑에서 일하는 소작농이 되거나

단결을 통해 자본가와 교섭하거나, '조합'을 조직해 저항했다.

이후 노동자들은 노동조건의 개선을 요구하며

즉 영국은 농업혁명의 결과로 값싼 노동력을 많이 얻게 된 것이다.

규칙을 잘 지키는 사람! 시간을 잘 지키는 사람! 게으르지 않고 기계를 부수지 않는 사람은 대환영일세!

영국은 전 세계 최초로 산업혁명을 겪으며

면직물·철·기계 등의 산업을 중심으로 값싼 제품을 대량생산해 국내외 시장에 공급하는

'세계의 공장'으로 떠올랐다.

밀 값이 오르면 노동자에게 지불할 임금도 올라간다! 「곡물법」을 폐지하라!

우리가 만든 공업 제품을 자유롭게 수출하게 하라!

정부의 제제 없이 무역하는 자유무역 체제를 요구하기 시작했다.

점차 산업 자본가들은 압도적인 공업생산력을 갖추면서

이렇듯 자유무역 체제를 정비한 영국은

수출량이 많이 늘어날 거야!

제품의 가격도 싸졌어!

노동자 임금도 줄었고

1846년 이러한 자본가들의 속내와 빵 값이 떨어지길 바라는 노동자들의 요구가 맞아 떨어지면서 「곡물법」이 폐지되었다.

이후 전 세계를 시장으로 삼아 각지에서 영향력을 높여 갔다.

어서오세요~ 영국으로♪

폐지됨에 따라 각국의 상선이 자유롭게 영국에 입항하면서 무역이 활발하게 이루어지게 되었다.

이 법은 당초 외국과의 무역에서 네덜란드 상선을 몰아내기 위해 제정되었는데,

이어 1849년 「항해법」이 폐지되었다.

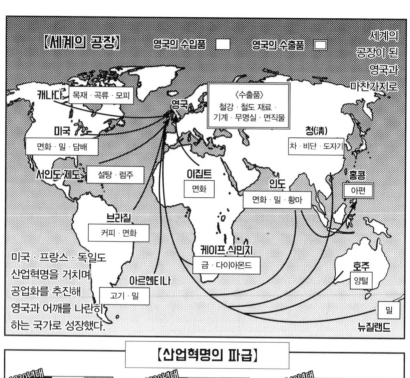

[세계의 공장] 영국의 수입품 ▨ 영국의 수출품 ☐ 세계의 공장이 된 영국과 마찬가지로

캐나다 [목재·곡류·모피]

미국 [면화·밀·담배]

영국

〈수출품〉 철강·철도 재료· 기계·무명실·면직물

청(淸) [차·비단·도자기]

서인도제도 [설탕·럼주]

이집트 [면화]

홍콩 [아편]

인도 [면화·밀·황마]

브라질 [커피·면화]

케이프 식민지 [금·다이아몬드]

미국·프랑스·독일도 산업혁명을 거치며 공업화를 추진해 영국과 어깨를 나란히 하는 국가로 성장했다.

아르헨티나 [고기·밀]

호주 [양털]

밀

뉴질랜드

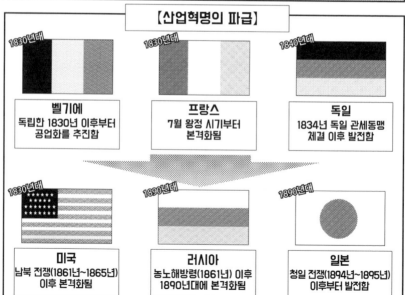

【산업혁명의 파급】

벨기에
독립한 1830년 이후부터 공업화를 추진함
1830년대

프랑스
7월 왕정 시기부터 본격화됨
1830년대

독일
1834년 독일 관세동맹 체결 이후 발전함
1840년대

미국
남북 전쟁(1861년~1865년) 이후 본격화됨
1830년대

러시아
농노해방령(1861년) 이후 1890년대에 본격화됨
1890년대

일본
청일 전쟁(1894년~1895년) 이후부터 발전함
1890년대

기계나
증기기관 등의
기술혁신으로
시작된
산업혁명은

도시와
농촌을
막론하고
영국인들의
경제 · 생활을
근본적으로
변화시켰다.

오늘날
우리가
살아가는

자본주의
사회의
원형이
형성된
것이다.

19세기 이후
산업혁명의 여파가
세계 각지로 퍼져
나가면서

1722년
북경 교외

61년에 달하는
긴 세월 동안
청을 다스리면서

강희제

왕조의 전성기를
닦은 '강희제'는
생의 마지막에
다다르고 있었다.

하아, 하,
내 목숨도
여기까지
인가…
후계자는…

…예,
알겠습니다.

174

그러나 이 결정에 불만을 가진 사람도 많았다.

일찍이 강희제는 황제가 살아 있을 때 후계자를 지명하는 황태자 제도를 도입했으나

뭐, 전하. 황태자를 끌어내리면 될 일 아니겠습니까?

어째서 이 몸이 황태자가 아닌 거냐!

오히려 후계 다툼을 초래해 포기할 수밖에 없었다.

인전

윤사

그러나… 이렇게 후계 다툼이 벌어지는 건 좋지 않다…

그렇기에 한족의 황태자 제도는 친숙하지 않아…

우리 만주족은 황제께서 붕어하시면 그때마다 우수한 인물을 후계자로 정해왔다.

후계자 선정 방식을 정하겠다.

미리 황태자를 후계자로 정하면 노력하지 않게 될 테고,

아첨하는 자나 발목을 잡는 자가 반드시 생길 것이다.

그러니 이제부터는 후계자의 이름을 종이에 적어 상자에 넣고 이 액자 뒤에 두겠다.

황제가 죽으면 이 상자를 개봉하라!

행실에 따라 이름을 바꿀 수도 있으니 모두 열심히 해야 할 것이야!

옹정제는 「태자밀건법」을 제정했다.

이로써 가능성을 가진 황자들이 모두 정무와 무예·문예에 힘써 근면한 황자와 황제가 배출되었다.

皇六子奕訢封為親王
皇四子奕詝立為皇太子

◀ 예시
'도광제의 밀건서'

옹정제는 적극적으로 개혁을 이어갔다.

이 무렵 청에서는 조세 제도를 둘러싸고 문제가 발생하고 있었다.

우선 백성의 삶과 직결돼 있는 조세 문제를 해결해 볼까.

16세기에 들어 복잡한 세금을 토지세와 인두세 두 가지로 합치고 통화인 은으로 환산해 내게 했으나, (「일조편법」) 계산 방법이 복잡해 곳곳에서 많은 문제가 발생했다.

예로부터, 민중에게 부과되는 세금은 경작지나 수확물에 매기는 토지세, 인두세로서 개인에게 매기는 노역 두 가지였다.

선황께서 인두세의 총액을 결정하신 뒤, 증세하지 않기로 한 것은 뛰어난 결단이었지만,

실제로 유지하기란 여간 어려운 일이 아니군.

인두세는 선황께서 이미 그 총액을 정해 두셨으니 이를 토지세와 합쳐 은으로 한꺼번에 내게 하면 어떠하겠습니까?

지역마다 인구수를 조사해 토지세에 더하고 있으나 가족 구성원 수를 속이고 가난한 가구에 세금을 떠넘기는 자들이 있어 주의가 필요합니다.

※ 이전 왕조인 명(明)에 해당하는 영토를 말함

이러한 조세 제도를 「지정은제」라고 부르는데, 옹정제 시대에 들어 중국 대륙※에 확산되었다.

과연 이렇게 하면 공평한 데다 수고도 덜 수 있겠어.

이 방책을 시행해 보자.

예수회[1]가 그리스도교를 포교하면서 신자가 조상이나 공자[2]를 모시는 것(전례)을 인정하자 다른 종파로부터 비판의 목소리가 나왔다!

우리나라를 섬기면서 계속 교황의 지시를 따르는 건 용서할 수 없어.

귀찮은 건 또 있다. 이전부터 문제가 되고 있는 그리스도교…

※1 가톨릭 수도회로 적극적으로 포교함
※2 기원전 551년경~기원전 479년경의 사상가로 유가의 창시자

선황제인 강희제는 전례를 인정하지 않는 선교사들의 포교와 입국을 금지했다.

이에 교황이 예수회의 포교를 금지하자

이를 '전례 문제' 라고 한다.

로마 교황

예수회

1723년, 옹정제는 포교를 전면 금지하고 선교사들을 마카오[3]로 추방했다.

학자나 기술자처럼 도움이 되는 선교사는 제외하고 그리스도교를 포교하는 자들을 추방하라!

황궁에서 봉사하는 선교사 역시 체류는 허락받았으나 포교는 금지되었다.

※3 광동의 항구도시로 당시 포르투갈이 거점으로 활용함

이렇게 정치가 안정되자 옹정제는 국가의 모든 것을 자신이 장악하고자 했고 감시인※4을 보내 대신들과 관리들을 감시했다.

※4 '시위'라고 불리는 측근을 보냄

예컨대 한 관리가 지방으로 발령되면

후우, 이번 부임지는 멀구나…

나리, 잠시 쉬었다 가시렵니까?

아니다, 괜찮으니 서둘러 가자.

대신께서 소개해주셔서 새로 고용했는데, 이 하인 제법 재치도 있고 일을 잘하는 걸?

몇 년이 지나, 관리의 임기가 끝날 무렵

어째서 지금 그만둔다는 게냐!? 이제 곧 수도로 돌아갈 텐데.

먼저 돌아가 폐하께 아뢰는 것이 소인이 맡은 일입니다.

나리께서 일을 잘 처리한다고

감시인 이었어?

각 관청에서 올라오는 상소문은 시간은 시간대로 걸리는데, 내용도 잘 와닿지 않는구나.

옹정제는 감시인들로 감시만 하지 않았다.

당시에는 각 관청에서 올라오는 많은 상소문을 통해 나라를 다스렸는데,

※1 당시 상소문에는 황제만 주홍빛 먹(주묵)을 씀. 신하들은 검은 먹만 허용됨

옹정제는 주야를 불문하고 주접을 훑어보며 주홍빛 먹으로

주홍빛 먹※1을 가져 오라!

지난번에 내린 폭우로 인해 무너진 제방을 수습하는 일이야말로 시급한 일입니다.

이 편지를 '주접(奏摺)' 이라고 한다.

옹정제는 별도로 신뢰하는 일부 신하들에게는 직접 편지를 쓸 권한을 주었다.

주접을 크게 활용해 지방의 상황을 감독한 것이다.

너 같은 바보를 내가 어떻게 해야 하지?!

이런 쓸데없는 편지 좀 보내지마!

그대의 의견은 훌륭하다!

답변을 써서 지방의 관료들에게 명령을 내렸다.

우리 왕조의 기둥은 팔기※2 이지만

만주의 기인만 잘난 것도 집안이 좋은 자가 유능한 것도 아니다.

과거에 합격한 수재가 꼭 도움이 되는 것도 아닐 테고.

옹정제는 관료들을 엄하게 관리하는 한편

유능하다면 출신과 상관없이 등용했다.

※2 청의 정치·군사 조직으로, 만주족을 중심으로 편성함. 소속된 사람을 '기인'이라고 부름

반면 일을 못 하는 자나 자기 이익만 생각하는 자는 가차 없이 해고했다.

휙 휙

말뿐이고 쓸모없는 대신

동료나 부하를 편파적으로 대하는 관료

공금을 빼돌려 사리사욕을 채우는 지방장관

【옹정제가 등용해 활약한 인물】

이위
지방의 민정과 치안을 재건함

악이태
하급 관리 때 등용돼 지방을 관리함

전문경
지방 재정이나 기근 대책으로 실적을 올림

청 조정은 그러한 책과 글, 말을 철저히 탄압했으며

때때로 본보기 삼아 극단적으로 처벌하기도 했다.

그러나 지배를 받던 한족 중에는

처별적인 표현을 하며 만주족을 비하하는 이들도 있었다.

만주족

속닥 속닥

한족

※1 백성이 머물러 사는 곳

예컨대 과거시험 문제로 '유민소지(維民所止)'※1라는 구절이 출제된 적이 있었는데,

뉘우치지 않고 험담하는 자는 용서하지 말고 본때를 보여주어라!

雍民所正

이렇듯 청 조정에 의해 이루어진 책과 글, 말의 탄압을 '문자의 옥'이라고 한다.

이를 옹정제의 '옹정(雍正)'에서 윗부분을 떼어낸 글자라는 이유로 출제자인 한족 관료와 그 일족까지 모두 처벌했다.

184

준가르는 지금도 외몽골[2](할하)을 포기하지 않았나.

러시아와 손이라도 잡으면 귀찮아지겠어.

러시아 네르친스크
준가르
이리
카흐타
흑룡강
할하
만주
동튀르키스탄
청해(칭하이)
북경(베이징)
조선
일본
청(淸)
티베트
라싸

한편 외교면에서는…

러시아와는 강희제가 1689년에 맺은 네르친스크 조약을 통해 국경을 결정짓고 외교 관계를 맺었으나,

준가르와는 1696년에 벌어진 전투에서 승리한 이후로도 긴장 상태가 이어지고 있었다.

그럼 러시아 측에 사절단을 보낸다고 전해라.

우선 국경 문제부터 해결하겠다.

러시아는 우리 청과 무역을 늘리고 싶어 합니다.

※2 오늘날 몽골 공화국의 영토. 몽골 사람들은 '북몽골'이라고 부름

1727년 청과 러시아는 몽골 국경 및 교역 문제 대응을 위해 카흐타 조약을 체결했다.

이 조약으로 양국의 국경인 외몽골 카흐타에 교역소가 설치되었으며

이후 청과 러시아 사이에는 무역이 꾸준히 확대되어 갔다.

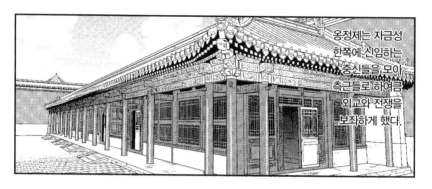

옹정제는 자금성 한쪽에 신임하는 중신들을 모아 측근들로 하여금 외교와 전쟁을 보좌하게 했다.

이런 작은 모임이라면 직접 보고를 듣고 재빨리 명령을 내릴 수 있다.

게다가 소수의 중신만 모았으니 기밀도 잘 지켜지겠지.

예!

이를 '군기처' 라고 한다.

앞으로도 이렇게 회의를 진행하겠다.

186

이후
군기처는
최고 기관
으로서
국정을
담당하게
되었다.

187

폐하, 잠시라도 쉬시는 편이 어떻습니까?

그리고 짐은 선황 폐하와 달리

들이나 산에서 사냥을 하거나, 별궁에서 시를 읊는 일에는 관심이 없다네.

그럴 시간이 어딨겠나.

아…

툭

아직 아니, 쓸 수 있다.

한편으로 잘못 쓴 종이를 재활용하거나

옹정제는 새벽부터 늦은 밤까지 많은 서류를 훑어보며 열심히 정무를 수행했다

쌀 한 톨마저 아끼는 절약가였다.

그가 정한
「태자밀건법」에
따라 상자가 열리고
제4황자가
황제로 즉위했다.

明光大

1735년 13년간
쉬지 않고
정치에 매달린
옹정제는

과로로 인해
56살의
나이로
급사했다.

허업!

으...
...윽!

탁

국고가 가득했다.

존경하는 할바마마와 근면하신 아바마마를 본받아

우리나라가 더욱더 부귀영화를 누리도록 하겠다!

건룡제는 이 풍부한 유산을 살려 광대한 영토의 통치와 문화 발전에 힘썼다.

우리의 영토는 광활하지만 되도록 직접 짐의 눈으로 보고 정치를 펼치겠노라.

그렇게 24살의 젊은 황제 '건룡제'가 등장했다.

건룡제가 즉위하던 시기에는

할아버지 강희제의 영토 확장과 아버지 옹정제의 근면한 정치 절약으로

190

자금성에 틀어박혀 있을 필요는 없어.

정무는 어디서든 볼 수 있으니까.

건륭제는 1년의 대부분을 북경 교외의 원명원 또는 피서산장※1과 같은 별궁에서 정무를 보고

경제의 중심지인 강남이나 만추족의 고향인 만주로 행차하는 등 적극적으로 시찰에 나섰다.

'낭세녕', 이것은 무엇인가?

또, 옹정제와 마찬가지로 그리스도교의 포교를 금지하되 황궁에 종사하는 선교사들에게는 체류를 허락해

예, 그리 하겠나이다.

좋다, 이 원명원에 분수를… 아, 프랑스의 베르사유 궁전 이라고 했던가? 차라리 그것 못지않은 서양식 궁전을 지어보거라.

호오, 굉장히 흥미로운 장치군.

그들이 가진 지식과 기술을 도입했다.

분수라고 하옵니다. 물이 아래에서 위로 솟구쳐 오르지요.

주세페 카스틸리오네※2
예수회 선교사

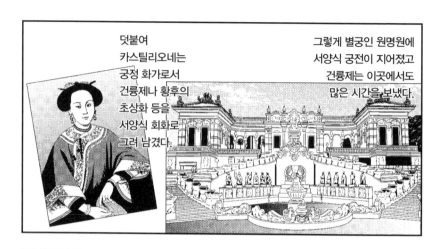

덧붙여 카스틸리오네는 궁정 화가로서 건륭제나 황후의 초상화 등을 서양식 회화로 그려 남겼다.

그렇게 별궁인 원명원에 서양식 궁전이 지어졌고 건륭제는 이곳에서도 많은 시간을 보냈다.

또 무역을 통해 유럽으로 전해진 도자기나 명주실, 차 등이

고급품이자 필수품으로 대접받으면서 '시누아즈리(중국풍)' 양식이 탄생하게 되었다.

직접 통치하는 청의 정치제제를 유럽에 전파했다.

선교사들은 막강한 권력을 가진 황제가 공정하게 관료를 채용하고,

이러한 청의 실력주의 제도는 신분이 세습되던 유럽에서 선진적인 문물로 받아 들여졌다.

뭐라?
준가르에서
왕족이
망명해
왔다고?

1754년 열하
피서산장

이것은
숙적인
준가르를
쓰러뜨릴
절호의
기회다!

좋다!
원정군을
파병하라!

예.
선대 칸의
죽음으로
내란이 발생해
패배한 쪽이
망명을 요청해
왔습니다.

지금 준가르를
공격한다면
지원하겠다고
합니다만…

믿어도
될지…

1755년 건륭제는 준가르에 원정군을 파병해 본거지인 이리를 손쉽게 점령했다. 이로써 준가르는 멸망하게 되었다.

【건륭제의 원정 경로】

이리

북경

서안 (시안)

곧이어 건륭제는 준가르의 지배를 받던 동튀르키스탄(서역)에도 군사를 보내 1759년 전 지역을 평정하고 그 땅에 살던 무슬림을 지배하기 시작했다.

할바마마 때부터의 숙적인 준가르를 마침내 쓰러뜨렸다.

청의 직할지 청의 번부

러시아
외몽골
신장 내몽골 만주
북경 열하
청해 조선
티베트 일본
네팔 라싸 광주
버마 (광저우)
다이비엣 타이완 섬

음, 이번에 정복한 톈산 산맥의 남북 지방을 '새로운 영토'라는 뜻에서 '신장'※1이라 부르겠다!

준가르 평정을 경축 드리옵니다!

이렇게 청은 만주·몽골·티베트·신장·중국 대륙·타이완 섬을 다스리는 대제국으로 발돋움했다.

※1 한자 음독으로는 신강(新疆). 신장 위구르 자치구가 이곳을 말함

어떤 대우를 받을지…

항복해 신하가 되었다고는 해도

몽골 왕공

어흠, 음…

이쪽으로 오시죠.

한편 건륭제는 정복민도 신하로 등용했는데…

오이라트 귀족

이번원※2의 관료

※2 서북 방면으로 국경을 넘어 제압된 땅(번부)에 관한 사무를 담당하던 청 시기의 관청

할하 지방의 공작님 이시지요? 잘 부탁 드립니다…

이런저런 일이 많으셨다 들었습니다.

아, 혹시 준가르에서 오신 왕족이 아니십니까?

안심하시고 앞으로 맡을 업무에 힘쓰시지요.

청에서는 대대로 이렇게 신하를 늘려 왔으니,

저희 선조께서도 항복한 뒤에 작위를 수여 받았습니다.

피서산장 북쪽으로 펼쳐진 초원에서 함께 사냥을 즐기기도 했다.

건륭제는 속국인 몽골과의 친목을 도모하기 위해

참고로 만주족이나 몽골인에게 있어 사냥은 군사훈련 이기도 했다.

스스로도 티베트 불교에 귀의해 많은 사찰을 건립했다.

건륭제는 몽골인이 믿는 티베트 불교를 보호하고 최고지도자인 '달라이 라마'※를 불교의 스승으로 받들었으며,

저쪽에 계신 분들은 티베트 불교의 고승들이시군요.

감사한 발걸음입니다.

시주는 물론이고, 관료를 파견해 외교까지 돕고 있죠.

황제 폐하께서는 달라이 라마 님을 보호하고 계세요.

티베트 불교의 가르침은 만주족에게도 마음의 버팀목입니다.

1751년 이후로는 달라이 라마와 청에서 파견된 관료가 티베트를 공동 통치하게 되었다.

【청 황제의 다양한 얼굴】

보호자 ― 승려 ― 티베트인	카간 ― 왕공 ― 몽골인	칸 ― 팔기 ― 만주족	황제 ― 한족
번부(외번)		직할령	

청(淸)

이렇듯 광대한 영토를 차지하게 된 청은

황제 직속 팔기군을 중심으로 하는 통치를 이어갔다.

건륭제 이후로 청의 황제들은 한족에게는 황제, 몽골인에게는 카간, 티베트인에게는 불교의 보호자처럼 각 민족을 다양한 얼굴로 대했다.

티베트

몽골

한편 '번부(외번)'라 불리는 몽골 · 티베트 · 신장 지방은 현지의 토후나 사찰 등의 지배 세력에 의해 통치되었다.

신장※1

※1 이 지방의 무슬림들이 바로 오늘날의 '위구르족'

198

크
아
아

준가르
만으로는
만족하지
못한다!

우리의
강한 힘을
세상에
알려라!

건륭제는 이후로도
버마·베트남·네팔로
원정군을 파병하거나
티베트·타이완 섬에서
일어난 반란을 진압하도록 했다.

그러나
신장 정복 이외에는
고전을 면치 못해
영토를 확장하지 못하고
거액의 군비만
낭비하게 되었다.

어디를
가나 무적
이구나.

나는
십전노인※2
이다.

※2 10번의 전쟁에서 모두 승리한 노인

199

한편 건륭제는 서예가 '왕희지※1'가 쓴 시집과 같이 진귀한 문물이나 보물을 수집했다.

천하가 진실로 태평하려면 문화가 발전해야 한다.

고금의 책을 모두 모아 여러 권으로 된 총서를 만들자.

※1 14세기에 활약한 서예가. '서성(글씨를 대단히 잘 쓰는 사람)'으로 불림

또 편찬사업을 벌여 온갖 책을 모으고 필사해 약 7만 9천 권짜리 총서를 편찬한 뒤, 『사고전서』라는 이름을 붙였다.

건륭제는 이 책을 한족 문화인들도 열람할 수 있도록 해 한족의 문화를 보호하는 한편

조정이나 만주족을 비판하는 내용이 있는지 검열했다고 전해진다.

이로 인해 문화인들 사이에는 정치적 논의를 피하고 고전을 연구하는 풍조가 확산되면서

자료를 바탕으로 객관적인 증거를 들어 증명하는 '고증학'이 발달하게 되었다.

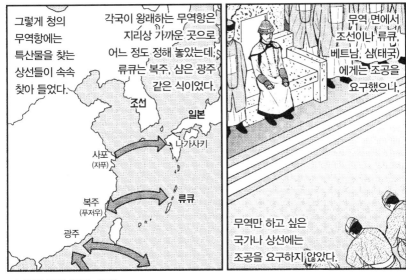

그렇게 청의 무역항에는 특산물을 찾는 상선들이 속속 찾아 들었다.

각국이 왕래하는 무역항은 지리상 가까운 곳으로 어느 정도 정해 놓았는데, 류큐는 복주, 샴은 광주 같은 식이었다.

조선

일본

나가사키

사포
(자푸)

복주
(푸저우)

류큐

광주

무역 면에서 조선이나 류큐, 베트남, 샴(태국)에게는 조공을 요구했으나.

무역만 하고 싶은 국가나 상선에는 조공을 요구하지 않았다.

※2 외국에 정착해 살아가는 중국인

1684년에는 상인이 해외로 건너가 무역하는 대외무역이 신고제로 승인되면서

복건 성의 하문을 거점으로 동남아 전역에서 무역이 이루어졌다.
(남양 무역)

상해
(상하이)

하문
(샤먼)

광주

상인 중에 허가 기간을 넘겼음에도 현지에 자리를 잡고 사업을 이어가는 사람이 발생하면서

화교※2 사회가 형성되었다.
(남양화교)

이런 가운데 그동안 광주에서 무역하던 영국 선박이 영파*에 나타났다.

영국 배가 영파에 나타났다고 …

※ 오늘날의 닝보(寧波) 시

그들이 여러 항구를 돌아다니게 되면 혼란스러운 상황을 초래할 수도 있다.

앞으로 유럽의 모든 상선은 광주에서만 무역할 수 있다고 전하게.

광주만으로도 무역량은 충분할 텐데.

광주 이외의 항구에서도 무역하고 싶다고 합니다. 어떻게 하면 좋을까요?

그렇게 1757년
유럽 각국의
무역항은 광주로
한정되었고

유럽 상인들은 광주의
지정된 상관에서
특정 상인조합(공행)의
관리를 받으면서
거래하게 되었다.

이 구조를
광동 체제
라고 한다.

이 불편한 구조는
유럽 상인들의
불만을 샀지만

부역항도
제한하면서
거래 상대까지
정해둔다니!
너무 불편
하잖아!

싫으면
오지 마.
우리나라에는
지장 없어.

무역 자체가 금지된
것은 아니었기에
광주의 무역액은
점점 증가했다.

청 사회에서는
은으로의 거래나
납세가 더욱
보편화되었다.

또 아메리카
대륙에서
채굴된 은이
대량으로
유입되면서

우리 만주족이 북경에 입성한 지 백 년이 넘었구나.

수도에서의 생활은 풍요로워졌어. 그러나…

제국의 근간인 팔기군이라는 놈들마저도 유흥에 빠져있는 자,

빚으로 생활고에 처한 자,

만주어를 못하는 데다, 무예까지 미숙한 자들은 더 많아졌다.

이러한 호경기 속에 민간에도 책의 출판·유통, 문물·골동품 수집 등의 취미가 퍼지며 사람들은 섬세하고 치밀한 양식을 선호하기 시작했다.

또 산해진미로 만든 요리 및 훗날 경극으로 이어지는 연극 등이 생겨나

도시에 사는 부유한 관리와 상인들은 유흥을 즐기게 되었다.

204

팔기의 기풍을
되찾는 일은
쉽지 않았다.

건륭제는
거듭 호소
했으나

만주어와
기사※는
우리 제국의
관리의 근본이다!
채용이나
승진은
시험을 거쳐
진행하라!

60대에 접어든
건륭제는 총애하던
허션이라는 측근을
순식간에 중신으로
발탁했다.

예, 폐하.
지당한 말씀
이십니다.

아아,
이거 참.
큰일이구나
'허션'아…

예…
이 나라는
더욱더
풍족해질
겁니다.

곧 뇌물이
모여들었다.

씨
익

그래도
나라의 국고가
가득하니 짐만큼
행복한 사람은
없느니라.

허션에 대한
건륭제의 신뢰가
두터워지면서
그는 황제 주변을
총괄하게 되었고,

앞으로 잘 좀 부탁 드립니다.

나리, 산해진미라면 많이 준비해 두었으니,

강남으로 부임 오면 이래서 좋다니까.

암, 암! 그리고 말고.

한편 북경에서 떨어진 해안 연안의 대도시들 역시 풍요를 누렸는데…

강남 지방은 조정에서 일본과 외교를 맺지 않았음에도 무역으로 깊게 연결돼 있었다.

만주족 및 한인 요리의 정수를 담았다고 평가받는 연회 요리 '만한전석'은 이 시기에 탄생했는데,

일본과 류큐에서 잡힌 해산물을 수입해 요리했던 것으로 추정된다.

조선

일본

나가사키

청

류큐

상어 지느러미와 전복, 해삼…

모두 일본에서 수입해온 것들 입니다.

양껏 드시지요.

나라의 빚장을 완전히 걸지는 않고 청을 비롯한 주변국과는 계속 교류하고 있었다.

일본은 1630년대부터 자국 선박이 해외로 나가는 걸 금지하고 포르투갈 상선의 내항을 금지하는 등 쇄국정책을 취하고 있었지만

1792년 나가사키

그럼, 이미 온 동네가 그 이야기로 떠들썩하네.

어르신, 들으셨나요? 러시아인이 조난당한 일본인을 데리고 북쪽의 에조치※1에 왔대요.

나가사키의 약재상※2

오사카의 서적 도매상과 견습생

※1 오늘날의 일본 북부 홋카이도 섬으로, 당시에는 아이누족이 거주하고 있었음
※2 한약의 원료. 나가사키 항구를 통해 청에 수출하고 있었음

그렇게 일행은 태평양 북부 알류산 열도의 작은 섬으로 떠밀려갔는데, 그곳에서 러시아인의 보호를 받게 되었다.

1782년 '다이코쿠야 고다유'라는 뱃사공이 운송선을 타고 일본 중부 이세국의 시라코 항을 출발해 수도인 에도로 향하다가 조난당하는 일이 발생했다.

207

에조치

엣츄국

오사카

난가사키

저, 에조치의 타와라모노가 약재랑… 무슨 관계가 있나요?

상선이 돈을 벌면 나가사키나 그 경유지의 경기도 좋아진단다.

그 길목에 있는 엣츄국의 약재상이 내 거래처야.

타와라모노를 기타마에부네[2]에 실어 에조치에서 오사카로 운반하고, 다시 나가사키로 운반해 청으로 수출하는 건 알고 있지?

아아,

※2 에조치를 비롯한 북쪽 지방에서 가미가타(교토, 오사카)로 물자를 운반하던 상선

특별해설

하네다 교수님의

다시마는 상선으로 오사카까지 운반되고

이어지는 바닷길을 '다시마 로드'라고 부릅니다.

홋카이도에서 서쪽 해안을 따라 긴키·규슈·류큐 및 중국 대륙으로

다시 긴키나 류큐, 나아가 중국 대륙으로 수출돼 식재료로 사용되었답니다.

다시마 육수 우동 (긴키 지방)

다시마말이 고등어 초밥 (긴키 지방)

구부이리치[3] (류큐)

다시마는 일본에서만 인기 있던 식재료가 아니었어요!

※3 다시마채 볶음요리의 일종

많은 분들께서 학문이나 취미 활동으로 근래 유행하는 청이나 네덜란드 서적을 구입하시죠.

유행에 따라 선호하는 서적이 그때그때 달라져요.

그렇군요. 저희는 교토나 오사카, 에도의 학자들과 영주를 상대로 서적을 팔아서

청의 관리들은 뭐라고 하지 않나요?

밀무역을 막기 위해서야.

아아, 맞네. 청에서 온 손님들이 저곳에 머무르지. 우리는 출입할 수 없어.

저쪽이 청인들이 머무는 '도진야시키'[1] 아닌가요?

※1 '당인 저택'. 당시 일본에서는 중국인을 '당인(당나라 사람)'이라고 불렀음

몰래 무역만 하자는 생각인 듯하네. 그럼 다음에 보자고.

나라끼리 교류하면 괜히 시끄러워지니

우리도 마을 사람들이 상대하고 있으니까.

뭐, 저들이야 청 조정과 상관없이 멋대로 장사하러 오는 거고,

크큭, 맛있니? 나가사키의 특산물이라고 하면 약재와 설탕이 있단다.

이 주변에 설탕이 많이 유통되거든.

우와! 별사탕이다!

무척 달아요!

좀 쉬었다 갈까?

니시진※3에서도 일본에서 직접 뽑아낸 실을 사용한다고 들었어요.

이제 일본에서도 좋은 실을 만들 수 있게 되어서 거래가 줄어들었다고 하네.

생사 같은 것도 옛날에는 당에서 수입했지만

요즘에는 교토 과자에도 사쓰마 번※2이나 시코쿠 섬의 설탕을 사용하지?

※2 오늘날 규슈 섬의 가고시마 현 서쪽 지역
※3 교토의 고급 견직물 생산지

저쪽에 보이는 섬이 네덜란드 상인이 머무는 데지마 섬 맞죠?

옛날에는 이마리 항※5에서 유럽에 많이 수출되었는데 …

지금은 그쪽에서도 만들 수 있게 되어 팔리지 않는다지.

반대로 이 아리타 그릇※4은

에도 시대 일본에서는 다양한 작물과 생산품의 국산화가 진행되고 있었다.

※4 규슈 사가 현 아리타에서 제조되는 사기그릇
※5 오늘날 사가 현에 있는 항구

※1 일본에서 그리스도교 신자를 부르던 말. 주로 가톨릭 신자를 뜻함

어쨌거나 네가 어른이 될 무렵에는 모든 항구에 외국 선박이 들어올지도 모르겠구나.

네덜란드 학자 분께 들었는데, 요즘 서양은 난리가 났대.

그러니 열심히 공부해 두렴.

네!

서양인을 쫓아내고 네덜란드인만 저 섬에 머무는 걸 허락했단다.

그래, 기리시탄※1이 들어오지 못하도록

그러나 그 후로도 일본의 무역항에는

· 러시아 사절 '레자노프' 내항(1804)
· 영국 해군 페이튼 호 사건(1808)

등 잇따라 외국 선박이 들어왔다.

1789년에 시작된 프랑스 혁명으로 유럽이 요동치는 가운데

18세기 말 세계의 정세는 크게 바뀌고 있었다.

1799년 무역으로 번창해온 네덜란드에서는 전쟁의 잦은 패배와 무역 부진으로 네덜란드 동인도 회사가 폐지되었다.

212

영국 본토의 귀족은 물론이고 모든 사람이 차를 마시다 보니 수요가 늘기만 하네.

그러게.

항상 그렇지만 엄청난 양의 거래였어.

덕분에 우리 영국 동인도 회사가 눈코 뜰 새 없이 바쁜 것 아니겠나.

한편 18세기 후반 청에서는 광주의 무역액이 급격하게 증가했다.

회사 재정이 안 좋아지고 본국에서도 큰 적자를 보고 있지.

반대로 청에 판매할 상품은 좀처럼 없어서

원하는 찻잎은 중국 대륙에서만 키우니까 수입밖에 방도가 없어.

필요 없어.

NO!

사 줄래?

그러나 유럽 측에는 청에 수출할 만한 상품이 적어서 문제로 여겨질 만큼 적자가 나고 있었다.

특히 차의 수요가 급속도로 늘어났다.

청과 유럽 국가들 사이에는 차·도자기·비단 등이 거래되었는데.

차가운 북쪽 바다에 사는 해달의 모피는 털의 밀도가 높아 보온성이 뛰어난 데다, 고급스러워서 귀하게 여겨졌다.

해달 모피를 먼저 수입하던 건 우리 영국인데!

으으, 예전부터 청과 모피를 거래하던 러시아라면 몰라도

독립한 지 얼마 되지도 않은 미국 상선이 많이 찾아온대.

그런데 들어보니 해달 모피가 비싸게 팔린다고

그때까지 영국의 대청 무역은 영국 동인도 회사가 주도했으나,

19세기에 이르러 일반 상선의 활동이 점차 활발해지면서 이들이 무역을 주도하게 되었다.

장사는 생각하기 나름이라고 봐. 나도 언젠가 독립해서 회사를 세우려고.

각국은 신항로를 개척하고 모피를 구하기 위해 태평양 탐험에 나섰다.

해달 모피가 비싼 값에 팔린다는 사실이 알려지자.

라페루즈
프랑스의 탐험가

제임스 쿡
영국의 탐험가.
별명은 캡틴 쿡

한편 영국인들은 이익이 큰 대청 무역을 두고 네덜란드인이나 미국인, 심지어는 같은 영국인과 치열하게 경쟁했다.

음~ 청에서 잘 팔릴 만한 상품이 없을까 …

뭐!?

18세기 무렵 청에서는 평화가 이어지고 경제가 번영했다.

실리를 중시하는 유연한 정책 아래서 사람들은 치안을 어지럽히지 않고 세금만 잘 내면

국내에서 자유롭게 상업 활동을 할 수 있었기 때문에 토지의 매매나 사람의 이동이 활발해졌다.

이후 사람들은 토지를 찾아 화중·화남의 개척되지 않은 산지로 들어가 취락을 만들었다.

화중

화남

그렇게 17세기에는 약 1억 명 내외였던 인구수가 크게 늘어

18세기에 이르면 약 3억 명을 넘어선 것으로 추산된다.

그러나 인구 증가는 토지나 식량 부족으로 이어졌고, 가난한 백성들의 불만은 점차 높아지게 되었다.

그럴지도 모르지. 다른 곳에 이주해주면 좋겠는데.

하지만 물러나서도 실권은 놓지 않고 자신의 이름으로 정치를 펼쳤다.

1796년 건륭제가 아들 '가경제'에게 황제의 지위를 물려주고 태상황※으로 물러났다.

가경제

※ 황제의 자리를 물려주고 퇴위한 황제

새로 개척한 땅에는 산지나 황야에서도 재배할 수 있는 옥수수나 고구마 등이 심어졌다.

참고로 이 작물들은 아메리카 대륙이 원산지다. 그렇게 새로운 작물들이 늘어난 이주민을 지탱하게 되었는데.

멀리서부터 전부 옥수수 밭이네.

인구도 꽤 늘었어.

어디서 온 녀석들인지 모르겠지만

흉작이라도 나면 폭동을 일으키지 않을까 걱정이야…

216

후후, 그러한가 …

폐하의 마음 씀씀이가 참으로 훌륭하옵니다.

위대하신 할바마마, 강희제 폐하의 재위 기간인 61년을 넘기면 송구스럽지…

짐이 황제가 된 지도 60년째 인가…

갈수록 이주민은 늘기만 하고…

끼니를 잇는 것조차 어려워 여기까지 왔는데,

더 이상 경작할 땅이 없다니.

이러다간 온 가족이 굶어 죽겠어 …

같은 해 사천 성을 중심으로 하는 중서부 개척지에서는…

북경

황하 강

사천 (쓰촨)

남경 (난징)

양쯔 강

광주

역대 왕조들은 이를 위험한 사상으로 여겨 엄격하게 탄압했는데…

이들은 구세주인 미륵불이 나타나 백성을 구한다고 주장했다.

가난한 농민들이 도움을 구한 곳은 '백련교'라는 종교 단체였다.

언젠가 구원의 날이 옵니다! 그때까지 서로 도웁시다!

백련교는 12세기경 송(宋) 시대에 창시된 종교로,

이대로는 굶어서 객사할 뿐이야!

세상이 파멸할 날이 왔다! 어차피 이제 일어서는 수밖에 없다!

우오오오

싸움으로 다 함께 구원받자!

이러한 백련교가 농민들을 신자로 끌어들여 반란을 일으킨 것이다. (백련교도의 난)

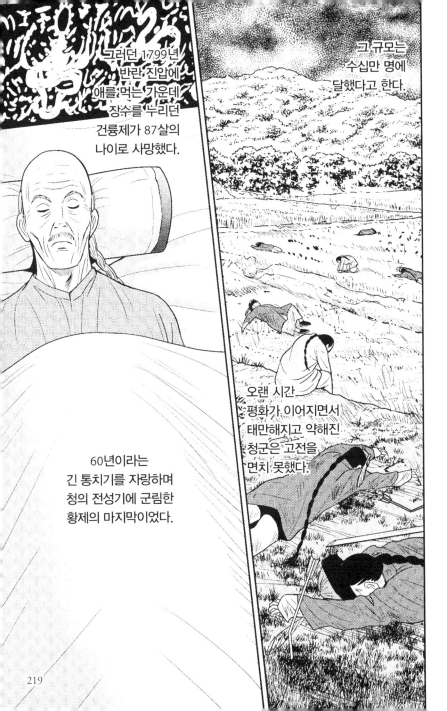

그러던 1799년 반란 진압에 애를 먹는 가운데 장수를 부리던 건륭제가 87살의 나이로 사망했다.

그 규모는 수십만 명에 달했다고 한다.

오랜 시간 평화가 이어지면서 태만해지고 약해진 청군은 고전을 면치 못했다.

60년이라는 긴 통치기를 자랑하며 청의 전성기에 군림한 황제의 마지막이었다.

어떻게든
내 힘으로
반란을
평정해야
한다!

들어라!
나라가 이 지경이
된 것은 허션이
제멋대로 설치고
다녔기 때문이다!
당장 그 놈을
체포하라!

건륭제가 죽자
가경제는 곧
스스로 정치를
펼치기 시작했다.

으윽…
끝인 건가.

허션!
움직이지
마라!

!?

허션을
총애하신
심정을 헤아려
처형하지
않겠다!

다만 아무리
악당이라 한들
지금은
선황 폐하의
상중이고

허션은
돌아가신
선황의
총애를
악용해
횡포를
거듭하고
왕조에 해를
끼쳤다!

220

최소한의
온정이다!
네놈 스스로
목숨을
끊어라!

아아,
이만한 돈이
국고에
있었다면…

이럴 때가
아니지.
백련교 신자들의
반란은 아직도
진압되지
않은 건가?

허션이 실각하고
밝혀진 재산만
총 8억 냥,

무려 당시
국가 수입의
10배 이상에
달했다고 한다.

난리가
벌어진 지
10년 만
이었다.

1804년 가경제는
마침내 반란을
진압할 수 있었다.

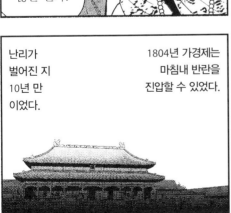

이 시기 청은 러시아를
비롯한 주변국과 관계를
돈독히 하고 원정을 통해
지배영역을 확대했으며,

은을 이용해 어느
때보다도 재정을
충실하게 했다.

하지만 강희제와
옹정제, 건륭제
이 3대에 걸친 영광은
이제 역사의 뒤안길로
사라지고 있었다.

그 거대한
몸은 너무나
커졌기 때문에
점차 틈이
벌어지고
만 것이었다.

한때 유럽에서 칭송받던
청의 정치체제는
급격하게 늘어난 인구에
대응할 수 없었고,

전란으로 황폐해진 토지,
그리고 반란 진압을 위해
지출한 거액의 군비가
청의 국력을 갉아먹었다.

주요 참고도서·자료

【서적】

- 山川出版社, 『新世界史B』(개정판) / 『詳説世界史B』(개정판) / 『山川 詳説世界史図録』(제2판) / 『世界史用語集』(개정판)
- 岩波書店, 『アメリカ独立革命』 / 『カリブからの問い ハイチ革命と近代世界』 / 『人権を創造する』 / 『雍正帝』 / 『1789年―フランス革命序論』
- 講談社, 『海と帝国 明清時代』 / 『紫禁城の栄光 明・清全史』 / 『東インド会社とアジアの海』
- 紫禁城出版社, 『清史典 清朝通史』
- 中央公論新社, 『世界の歴史12 明清と李朝の時代』 / 『世界の歴史21 アメリカとフランスの革命』
- 帝国書院, 『新詳世界史B』
- 東京大学出版会, 『アメリカ革命』 / 『東アジア海域に漕ぎだす 海から見た歴史』
- 刀水書房, 『フランス革命「共和国」の誕生』
- 長崎文献社, 『唐館図蘭館図絵巻』
- 名古屋大学出版会, 『世界史のなかの産業革命 資源・人的資本・グローバル経済』
- 藤原書店, 『清朝とは何か』
- 文藝春秋, 『乾隆帝 その政治の図像学』
- ミネルヴァ書房, 『独立宣言の世界史』
- 未来社, 『産業革命』
- 山川出版社, 『産業革命』 / 『ナポレオン 英雄か独裁者か』 / 『フランス革命の社会史』 / 『ワットとスティーヴンソン 産業革命の技術者』
- 大月書店, 『輪切りで見える! パノラマ世界史③ 海をこえてつながる世界』
- 河出書房新社, 『お茶の歴史』 / 『産業革命と民衆』 / 『図説 帝政ロシア 光と闇の200年』 / 『図説ナポレオン 政治と戦争』 / 『図説フランスの歴史』 / 『図説フランス革命史』
- 講談社, 『近代ヨーロッパの覇権』 / 『大清帝国と中華の混迷』 / 『大清帝国への道』 / 『中国の歴史6』
- 三省堂, 『新世界への挑戦 15世紀-18世紀』
- 小学館, 『日本大百科全書』
- 新紀元社, 『図解食の歴史』 / 『図解紋章』
- 創元社, 『清 文明の極地』 / 『図説世界の歴史5』 / 『図説世界の歴史7』
- 大修館書店, 『紋章学辞典』
- 日本評論社, 『イギリス産業革命史の旅』
- 原書房, 『絵で見る中国の歴史 第6巻』 / 『産業革命歴史図鑑 100の発明と技術革新』 / 『図説呪われたアメリカの歴史』
- 平凡社, 『世界大百科事典』 / 『世界の国旗と国章大図鑑』 / 『中国社会風俗史』

【WEB】

NHK高校講座 世界史, 京都服飾文化研究財団デジタル・アーカイブス, 国立国会図書館, AMERICAN CENTER JAPAN, NHK for School

이 책을 만든 사람들

- **감수:** 하네다 마사시(HANEDA MASASHI)
  도쿄대학 명예 교수
- **플롯 집필·감수:**

  제1장 와니부치 슈이치(WANIBUCHI SHUICHI)
  메이지대학 전임 강사

  제2장 와니부치 슈이치(WANIBUCHI SHUICHI)
  메이지대학 전임 강사

  제3장 와니부치 슈이치(WANIBUCHI SHUICHI)
  메이지대학 전임 강사

  제4장 스기야마 기요히코(SUGIYAMA KIYOHIKO)
  도쿄대학 준교수

- **자켓·표지:** 곤도 가쓰야(KONDOU KATSUYA)
  스튜디오 지브리
- **만화 작화:** 우에지 유호(UEJI YUHO)
  다카하시 고이치로(TAKAHASHI KOICHIO)
  히노 이리오(HINO IRIO)

- **내비게이션 캐릭터:** 우에지 유호(UEJI YUHO)